我们必须竭尽全力，让印尼恢复成为一个海洋强国。

我们已忽略海洋、海峡和海湾太久了，

而海洋、海峡和海湾是我们文明的未来。

现在恰逢其时，

让祖先的口号“纵横四海”重新响彻云霄。

——佐科

我是打工者，不是政治家。

我只知道工作，还是工作。

我不管别人如何评价，

污蔑也好，棒杀也好，捧杀也好，

我都不在乎，重要的是工作。

——佐科

Dari Bantaran Kali Anyar Hingga Istana

KISAH PRESIDEN JOKOWI

从贫民窟到总统府
印尼传奇总统
佐科

From Banks of Kalianyar to the State Palace:
THE STORY OF PRESIDENT JOKOWI

许利平 等 / 著

社会科学文献出版社
SOCIAL SCIENCES ACADEMIC PRESS (CHINA)

印度尼西亚中国商会
China Chamber of Commerce in Indonesia

本书得到印度尼西亚中国商会会员企业的联合赞助

序　言

许利平教授及其同事撰写的这本传记，讲述的是佐科在中爪哇安雅尔河边生活和成长的故事，令人深受启发。也许那个时候，佐科从来没有梦想过，有朝一日会当上国家领导人。佐科——现在被人亲切称为佐科维——这位生活简朴，但拥有宏伟理想的人，已成为身负人民重托的印尼共和国第七位总统。作者通过简洁的语言，把佐科从孩童成长为总统的人生经历，准确而清晰地展现给读者。

作者在《从贫民窟到总统府——印尼传奇总统佐科》描写的佐科生活轨迹，反映出日益成熟的印尼改革进程，即平民百姓亦能成为国家领袖。本书同样证明，越来越多中国人正被印尼所吸引，希望广泛了解这个国家及其领导人。

我希望本书能成为开启民智和激励创新之源，使得中国学界和民众不仅能深入了解印尼政治，而且还能看到作为一个潜力无限的伟大国家，印尼已经发生的各种变化。

我十分感谢出版《从贫民窟到总统府——印尼传奇总统佐科》这本由许利平教授——印尼人民的朋友——撰写的学术著作。希望参与出版本书的其他学术人士，今后能成为紧密连接印尼与中国的桥梁。在北京的印尼驻华使馆将一如既往支持印尼方或中方举办的各种活动，不断推动两国民间交往和双边关系发展。

祝各位中国读者阅读愉快。

苏更·拉哈尔佐

印尼驻中国及蒙古国特命全权大使

北京，2015年3月

KATA PENGANTAR

Buku biografi yang ditulis oleh Profesor Xu Liping dan rekan-rekan ini menguraikan kisah inspiratif dari seorang anak bangsa, Joko Widodo yang lahir dan besar di daerah bantaran Kali Anyar, Jawa Tengah, yang pada masa kecilnya mungkin tidak pernah bermimpi menjadi pemimpin bangsa besar. Joko Widodo yang akrab disapa dengan Jokowi merupakan sosok sederhana yang visioner, yang kini mengemban amanat rakyat Indonesia sebagai Presiden Republik Indonesia ke – 7. Kisah perjalanan hidup Presiden Joko Widodo semenjak masa kecil hingga terpilih menjadi Presiden, disuguhkan penulis dalam balutan bahasa yang sederhana, namun mengena dan mudah dipahami.

Penggalan demi penggalan perjalanan hidup Presiden Joko Widodo yang dituangkan penulis dalam "Dari Bantaran Kali Anyar Hingga Istana, Kisah Presiden Jokowi" merefleksikan proses reformasi Indonesia yang sudah semakin matang, dimana "orang biasa" dapat menjadi pemimpin bangsa. Buku ini juga membuktikan adanya ketertarikan lebih masyarakat Tiongkok untuk lebih mengenal pemimpin Indonesia secara khusus dan bangsa Indonesia secara umum.

"Dari Bantaran Kali Anyar Hingga Istana, Kisah Presiden Jokowi" diharapkan menjadi sumber inspirasi dan motivasi khalayak banyak, serta memberikan kesempatan kepada dunia akademisi dan masyarakat Tiongkok untuk tidak hanya mendalami mengenai politik Indonesia, namun juga melihat berbagai perubahan yang telah dilalui Indonesia, negara besar dengan berbagai potensi.

Saya sepenuhnya mengapresiasi penerbitan buku biografi "Dari Bantaran Kali Anyar Hingga Istana, Kisah Presiden Jokowi", karya tokoh akademisi Tiongkok, sahabat Indonesia, Professor Xu Liping. Dan untuk para akademisi lainnya yang turut andil dalam penerbitan buku ini, saya berharap upaya ini dapat semakin meningkatkan ketertarikan kalian untuk menjadi jembatan bagi kedua bangsa. KBRI Beijing akan senantiasa mendukung upaya, baik dari pihak Indonesia maupun Tiongkok, untuk semakin memperkokoh hubungan kedua negara dan masyarakatnya.

Selamat membaca!

Beijing, Maret 2015

SOEGENG RAHARDJO
Duta Besar LBBP RI
Untuk Republik Rakyat Tiongkok
dan merangkap Mongolia

前　言

2014 年 8 月中旬，笔者有幸参加了印尼外交部举办的“总统之友”公共外交活动。在一次活动的现场，来自韩国外国语大学的高永勳教授对时任雅加达特区副省长钟万学感叹道：“30 年前，当我作为一名本科生刚准备学习印尼语时，我的老师曾告诉我，印尼是一个十分具有潜力的发展中大国。30 年后的今天，我对我的学生还是重复那句话，请问，何时我不再重复那句话？”钟万学副省长立刻回答道：“印尼不会停留在以前，印尼在变革、在进步、在崛起，否则我们将被时代所抛弃。”

其实，当时的钟万学副省长心理十分清楚，未来 5 ~ 10 年，印尼将会发生什么样的改变，因为候任总统是其工作搭档，即时任雅加达特区省长佐科。

2014 年 10 月 20 日，佐科就任印尼第七位总统。新加坡总理李显龙、马来西亚总理纳吉布、文莱苏丹博尔基亚、澳大利亚总理阿伯特、美国国务卿克里、习近平主席特使中国人大副委员长严隽琪等重要外宾参加其就职典礼。就职典礼上佐科朴实的演讲、激情的手势以及平民化的庆祝方式吸引着全球的目光。美国《时代周刊》杂志把他作为杂志封面，形容他为印尼的“新希望”。许多媒体称他为“草根总统”“木匠的儿子”“印尼的奥巴马”，其核心词只有一个，那就是“改变”。

那么佐科，这个被称为“政治局外人”，能带来印尼的改变吗?

佐科成功问鼎独立宫，突破了印尼总统“非富即贵”的政治传统。他的父亲是一位平民木匠，母亲为家庭主妇，小时候住在河堤上的贫民屋，被迫搬了 3 次家。中学没有被重点高中录取，但考上了一流大学。经商时被骗差点破产，但随后东山再起。从来没有考虑从政，一次偶然的经历，让他从家具商到市长、省长和总统职位“连跳四级”，居然没用到 10 年时间。

这就是佐科传奇的经历，他被视为当地媒体的“宠儿”。媒体形容他是一个有个性，标新立异，又淳朴而简单的人。这样一位政治“新人”如何在印尼转型的政治生态中博弈、生存，能否带领印尼进入“金砖国家”行列，从而实现真正的“崛起”？值得我们观察与思考。

印尼，世界人口第四大国家，作为世界上最大的穆斯林国家，东盟最大的经济体，又是 20 国集团和亚太经合组织领导人非正式会议（APEC）的重要成员。进入21世纪，特别是自2005年以来，印尼的经济连续9年保持5%以上的增长，并被国际许多投行冠以各种新兴经济体的美誉，是进入“金砖国家”最有潜力的对象。

目前，在国际上媒介和学术界广泛议论“印尼崛起”现象。他们认为，有着亚洲庞大的年轻劳动力、丰富的自然资源、广阔的国内市场以及稳定国内政治环境的印尼，没有理由不崛起，有的媒体甚至称之为“亚洲第二个中国”。

2014年11月，佐科总统首次出访，就选择参加北京APEC会议。毫无疑问，由于印尼的地位在国际社会日渐上升，加上佐科的“个人魅力”，佐科成为会议关注的焦点之一。在会议领导人团体照中，佐科与习近平主席、奥巴马总统和普京总统比肩站立，这体现了佐科所代表的国家——印尼的重要地位。许多大国领导人争相与佐科见面、会谈。连奥巴马总统都表示，他要与佐科总统搞好关系，并且还用印尼语与佐科问候。

佐科总统对中国崛起的路径十分感兴趣，在APEC期间，他还主动与习近平主席交流治国理政经验。佐科总统提出的“海洋强国”战略与习近平主席提出的“一带一路”战略构想具有很高的契合点。作为东盟的领头羊，也是海外华人最集中的国家，印尼的发展与中国的发展息息相关，两国互为发展机遇。

2015年是中国与印尼建交65周年，中国与印尼战略伙伴关系签署10周年，也是万隆亚非会议60周年。在这么多历史节点上，本书希望通过对佐科总统传奇经历的描述和分析，以及对其未来内政、外交政策的展望，试图为读者了解当代印尼打开一扇新的窗户，从而为推动中印尼关系向前发展增添一点绵薄之力。

许利平

2015 年 2 月 28 日于北京

Prakata

Pada pertengahan bulan Agustus tahun 2014, atas rekomendasi Bapak Soegeng Rahardjo, duta besar RI untuk Tiongkok, penulis mendapatkan kehormatan untuk mengikuti kegiatan diplomasi publik "Sahabat Presiden" yang diadakan oleh Kementerian Luar Negeri Republik Indonesia. Pada suatu acara kegiatan, Prof. Dr. Koh Young Hun yang dari Universitas Bahasa Asing Korea Selatan tersentuh dan mengatakan kepada Wakil Gubernur DKI bapak Ir. Basuki Tjahaja Purnama pada waktu itu, "30 tahun yang lalu, ketika saya menjadi mahasiswa prasarjana siap mempelajari bahasa Indonesia, guru saya pernah memberitahu saya, Indonesia adalah suatu Negara berkembang besar yang sangat potensial. 30 tahun hari ini, saya ulangi perkataan itu kepada murid saya, mohon tanya, kapan saya tidak lagi mengulangi perkataan itu?" Bapak Ir. Basuki Tjahaja Purnama segera menjawab, "Indonesia tidak akan tinggal diam di masa lalu, Indonesia sedang mengalami perubahan, sedang maju, sedang bangkit, bila tidak, kita akan ditinggalkan oleh zaman" .

Sesungguhnya, saat itu dalam hati Wakil Gubernur Ir. Basuki Tjahaja Purnama sangat jelas, dalam 5 – 10 tahun mendatang, Indonesia akan mengalami perubahan seperti apa, karena Presiden yang siap dilantik itu adalah mitra kerjanya, yakni Gubernur incumbent DKI Bapak Joko Widodo.

Pada tanggal 20 bulan Oktober tahun 2014, Bapak Joko Widodo dilantik menjabat Presiden ke – 7 Republik Indonesia. Perdana Menteri Singapura Lee Husien Loong, Perdana Menteri Malaysia Najib Tun Razak, Sultan Brunei Hassanal Bolkiah, Perdana Menteri Australia Tony Abbott, Menteri Luar Negeri Amerika Serikat John Kerry, Utusan khusus Presiden Xi Jinping, Wakil Ketua Kongres Nasional Rakyat Tiongkok Yan Junqi, dan lain-lain sejumlah tamu kehormatan luar negeri hadir dalam upacara pelantikan. Pidato Jokowi yang sederhana pada upacara pelantikan, gaya tangan yang antusias serta cara perayaan yang merakyat, telah menjadi sorotan dunia. Majalah Amerika " Time " menempatkan beliau sebagai cover majalah, melukiskan beliau sebagai " Harapan Baru " Indonesia. Berbagai media menyebutnya sebagai "Presiden Dari Akar Rumput" , "Anak Tukang Kayu" "Obama Indonesia" , kata intinya hanya satu, yaitu "Perubahan" .

Lalu Pak Jokowi yang disebut sebagai "Orang diluar Politik" , apakah dapat membawa perubahan bagi Indonesia?

Pak Jokowi berhasil melangkah masuk istana, merupakan suatu terobosan tradisi politik pilpres harus " beruang atau berkuasa " . Ayahnya sorang tukang kayu rakyat jelata, ibunya seorang ibu rumah tangga, waktu kecil tinggal di rumah kumuh di bantaran sungai, dan terpaksa tiga kali harus pindah karena digusur. Sewaktu Sekolah

Menengah tidak diterima oleh SMA favorit, tapi dapat masuk Universitas bergengsi. Sewaktu berdagang pernah tertipu dan hampir bangkrut, tapi kemudian bangkit kembali. Belum pernah bercita-cita terjun ke dunia politik, namun suatu pengalaman yang tidak disengaja, membuat beliau dari pengusaha mabel hingga kedudukan Walikota, Gubernur dan Presiden "melompat empat tingkat", bahkan dalam tempo tidak sampai 10 tahun.

Inilah pengalaman Pak Jokowi, beliau dipandang sebagai "idola pujaan" media setempat. Media melukiskan beliau sebagai pemimpin yang unik, lugu, nyentrik dan sederhana. Satu "politikus baru" yang demikian bagaimana memainkan peran dan kelangsungan hidup dalam lingkungan politik transformasi Indonesia, apakah beliau dapat memimpin Indonesia masuk ke jajaran "negara-negara BRIC", dan terwujud "kebangkitan" yang sesungguhnya? Patut kita mengamati dan memikirkannya.

Indonesia, negara dengan populasi ke – 4 terbesar di dunia, merupakan negara muslim terbesar di dunia, badan ekonomi terbesar di ASEAN, serta anggota penting dari negara G20 dan APEC. Memasuki abad ke 21, terutama sejak tahun 2005 mendatang, pertumbuhan ekonomi Indonesia selama 9 tahun berturut-turut bertahan diatas 5%, oleh banyak investor internasional dimahhotai dengan berbagai reputasi badan ekonomi berkembang, merupakan negara yang paling berpotensi masuk ke jajaran "negara-negara BRIC".

Saat ini, baik di kalangan media maupun di kalangan akademi internasional, orang mulai ramai memperbicangkan gejala "kebangkitan Indonesia". Mereka beranggapan, Indonesia dengan memiliki sejumlah besar tenaga kerja muda Asia, sumber daya alam yang berlimpah, pasar domestik yang luas serta lingkungan politik dalam negeri yang stabil, tiada alasan tidak bangkit, bahkan ada media yang menyebutnya sebagai "Tiongkok kedua di Asia" .

Pada bulan November tahun 2014, Presiden Jokowi untuk pertama kali berkunjung keluar negeri, telah memilih mengikuti Konferensi APEC di Beijing. Tidak diragukan, oleh karena kedudukan dan peran Indonesia di masyarakat internasional kian hari kian meningkat, ditambah "karisma pribadi" Pak Jokowi, Pak Jokowi menjadi salah satu pusat perhatian dalam konferensi tersebut. Dalam foto bersama para pemimpin konferensi, Pak Jokowi dengan Presiden Xi Jinping, Presiden Obama dan Presiden Putin berdiri bahu-membahu, ini mencerminkan negara yang diwakili Jokowi-pentingnya kedudukan Indonesia. Banyak pemimpin negara besar ingin bertemu dan mengadakan pembicaraan dengan Pak Jokowi. Bahkan Obama juga menyatakan ingin mengadakan hubungan baik dengan Presiden Jokowi, serta menggunakan bahasa Indonesia menyapa Pak Jokowi.

Sementara itu, Presiden Jokowi sangat tertarik pada pengalaman kebangkitan Tiongkok, selama di APEC, beliau aktif bertukar pengalaman pemerintahan dengan Presiden Xi Jinping. Strategi "Poros Maritim" yang dikemukakan Pak Jokowi dengan gagasan Presiden Xi Jinping "Satu Jalur Satu Jalan" memiliki banyak titik temu. Sebagai pemimpin ASEAN, serta negara pusatnya orang keturunan Tionghoa, perkembangan Indonesia dengan perkembangan Tiongkok saling berkaitan, kedua negara saling berpeluang pengembangan.

Tahun 2015 adalah peringatan ke – 65 terjalinnya hubungan diplomatik Tiongkok dengan Indonesia, peringatan 10 tahun penandatanganan kemitraan strategis Tiongkok dengan Indonesia, juga peringatan ke –60 Konferensi Asia-Afrika, diatas berbagai sendi historis tersebut, buku ini melalui deskripsi dan analisis pengalaman legenda Presiden Jokowi, memandang kedepan kebijakannya dalam negeri dan luar negeri yang akan datang, berupaya membuka suatu jendela baru bagi pembaca untuk memahami Indonesia masa kini, turut mendorong dan memberi sedikit kontribusi bagi perkembangan hubungan Tiongkok Indonesia.

Xu Liping

28 -02 -2015 di Beijing

目录

第三章 · 爱与家庭

第四章 · 投入商界

第五章 · 从政梭罗

第六章 · 首都新政

第七章 · 当选总统

第八章 · 海洋强国

第九章 · 直面挑战

Daftar Isi

第一章　出身贫民

引　　子

在东南亚的政治戏剧中，选举似乎更多的是一种“政治嘉年华”。在选举中，各位候选人尽展各自演说技巧或表演才能，以博得选民的同情或支持。当选举结束以后，候选人对选民的承诺更多的是变成“空头支票”，生活一切照旧。

在这种大背景下，人民即使再愤怒，感觉自己被骗了，也只好寄希望下一次大选。待到下一次大选，他们可能会发现，原来可选择的几位候选人都是圈子里的那些人……

时长日久，老百姓的贫困几乎没变，而这帮人则形成一个所谓的精英圈子，成了民主时代的“贵族”。至于圈子外的人，则很难进入。

不过，最近刚上台的印度尼西亚总统佐科掀起了一阵让人精神振奋的“政治台风”，清新的“空气”冲击着旧的政治势力，甚至可以说正在改变这个千岛之国的政治生态和游戏规则。 佐科的出现，有可能改变整个东南亚的政治生态，对传统的政治游戏规则进行革新与改变。

佐科出身寒门，儿时甚至居无定所。 他凭借自己的聪明、勤奋、苦干，一步步把自己的生意做大。 又因为偶然的机会，迈上了从政之路。

佐科严于律己，女儿考公务员落选，他丝毫不干预，参加小儿子的高中毕业典礼，自掏腰包，坐经济舱往返。

商人出身的佐科是个十分注重实际的人，他不尚空谈，演讲时也对玩弄辞藻毫无兴趣。 他用人时也不拘一格，对下属的要求就是把自己的工作执行好。

此外，佐科还紧跟潮流，把互联网技术应用到肃贪、公共采购等方面，推动了政府治理的公开化和透明化。 在讨论几十名内阁成员的名单时，佐科就把这些人的资料放到互联网上去，让广大网民来评议一通，让他们来寻找更合适的部长。

佐科总统还以民意为重，把机会留给那些学历不高，却具有丰富相关经验的人。 这有点像我国邓小平同志的“不管是黑猫白猫，反正能抓住老鼠就是好猫”。

除了利用互联网进行治理创新，草根出身的佐科还喜欢“走走、转转、改改”，经常到基层走一走，倾听底层人士的想法。他甚至卷起裤腿，亲自下地帮农民插秧。

治理都市占道经营的小摊小贩，这在各个国家都是一个很突出的难题。佐科却硬是将这块“硬骨头”给啃了下来。佐科的妙计其实很土，甚至有点跌份儿，那就是一次次邀请底层的民众来自己办公室来做客。闲聊了几十次之后，佐科才说出自己真实的、完整的想法。小摊小贩也就尽力配合佐科的工作了。

诸如此类的政坛新风，淳朴的佐科还刮起很多。

其实，政坛新面孔佐科的执政理念概括起来非常简单，那就是空谈误国，实干兴邦。除了实干，就是实干。

佐科，这位具有传奇色彩的新总统，到底有何过人之处？这还得从他的出身说起。

一　父亲取名　寄托希望

印尼共和国中爪哇省属下的梭罗市，在一个叫卜拉雅特米努利约的简陋综合门诊部，公元1961年6月21日。一个身材小巧、脑瓜硕大的男婴呱呱落地。婴儿的母亲名叫苏吉雅米，是第一次生产的18岁年轻产妇。在门诊部待产期间，尚无生产经验的苏吉雅米自然担惊受怕。现在母子平安，她心情激动无比，十分感恩至高无上的真主的庇佑。男婴的父亲叫诺托·米哈尔佐，他为第一个孩子取名为佐科·维多多。

在爪哇人的文化中，名字是不可以随意乱取的。传统的爪哇人，在取名的问题上，远较现代的爪哇人来得讲究。佐科·维多多这个名字饱含着深意。在爪哇语中，佐科是指青年男子，而维多多则是平安祥和之意。因此，佐科的父亲取此名字时，显然是期盼着儿子将来能平安地成长，在事业上取得成功。

为什么佐科·维多多的称呼后来变为佐科维？佐科·维多

多成年之后，作为家具经销商，外国客商经常将他和印尼其他地方同样叫佐科的家具经销商搞混。据说当时整个印尼，名叫佐科的家具经销商多达二十余人，张冠李戴的事情时有发生，这让外国的合作伙伴头痛不已。因此，就有一个叫米歇尔·罗玛克南的法国家具经销商，灵机一动，擅自将佐科·维多多的名字改为佐科维，并通知佐科维以后就用此名字跟他进行业务往来，用以区别其他的印尼家具经销商。

曾因同名而有过多次在家具经销中吃亏经历的佐科·维多多，便愉快地接受了这个名字。谁也没有想到，20 年后，这位被外国人改名的家具经销商，居然成为一个拥有 2.5 亿人口的世界第四大国——印尼共和国的总统。而佐科维的名字现在也响遍了全世界。本书为方便叙述起见，都以佐科统称之。

二　贫民家庭　生活拮据

佐科的童年是在很简陋的小村庄里度过的，甚至可以说是在肮脏不堪的贫民窟度过的，这个贫民窟位于梭罗市一条河的河堤上。他们全家过着流浪的生活，从一个河堤搬到另一条河的河堤，房子的墙是用竹篁编织成的。房子里常常堆满了父亲出售的木材。

按理说，诺托·米哈尔佐的家境在那里不能算是最差的，他的爷爷和曾祖父都曾经当过村长。据佐科的亲叔叔说，佐科的爷爷叫维里约·米哈尔佐，做卡浪安雅尔村的村长有 30 多年。[1] 而佐科父亲的爷爷，也在伯约拉里县当过县长。只是到了诺托·米哈尔佐成家后，家道中落了。也许是 20 世纪 60 年代印尼政局的剧变，导致了社会生活的动荡。佐科的父母亲，不得不进城谋生，在社会的最底层挣扎着，让幼小的佐科深刻体会到社会底层生活的种种艰辛。佐科的姥爷维罗雷佐，也当过村长。佐科的父母亲是在玩一种爪哇地区流行的游戏时认识的，当时母亲苏吉雅米才是一个小学刚毕业的 16 岁女孩，而诺托·米哈尔佐则是一个 19 岁的小伙子，身材健硕。两人一见钟情，互相爱慕，很快就办了婚事。在以前，传统的爪哇女孩，16 岁结婚已经被称作老姑娘了，她们大多数是在 12 岁或 13 岁时就已经出嫁了。佐科父母的结合，当时也许还可称得上门当户对。虽然其时佐科祖父家的情况，已经比不上他姥爷家的家景了。后者作为木工世家，虽然也是生活在传统的爪哇农村，毕竟掌握了一技之长，家底比一般人家要来得殷实。

为了满足一家几口的生活之需，佐科父亲不得不努力地工作。他以做木工谋生，从印尼国家林业公司购进原木，加工成门板、门窗框架、椽子、桁条、木方等建筑用料出售。童年的佐科，从小跟着父母亲，耳濡目染，对木材行业有了认识，这为他日后选择进入木材业，成为家具出口商打下了基础。

爪哇社会，并不似中国社会，男人成家后大都居住在男方家的村庄里。佐科的姥爷家是木匠世家。佐科的父亲只是一个木匠，他还是在投靠了岳父家后，才半路出家学会了木工活。他经销木材也是白手起家，完全没有经验，他是跟着岳父的家族，逐步学会做木材生意的。

三　家人宠爱　喜欢零食

佐科的大舅是经营家具厂的，但是他父亲诺托·米哈尔佐好像也没沾上多少光，没能过上同样小康的生活。 因此，在佐科童年时期，他们一家过得甚为拮据。 好在有一点，爪哇人对待儿子和女儿亲疏并不明显。 佐科姥爷对他的内孙、外孙都一视同仁，没有亲疏之分。 而佐科从小就显得很特别，甚得姥爷的喜欢。

佐科母亲回忆道，小佐科跟他姥爷很投缘，经常在一起玩耍。 他姥爷总是给他一些有益的忠告，扮演着精神导师的角色。

在一次面对数家媒体的采访中，佐科的母亲跟大家分享了佐科童年时期的成长经历。 她提道，两三岁时的佐科，很爱吃零食，这都是被他姥爷宠爱养成的习惯。 每当有兜售食品的货郎经过家门口，姥爷必然叫住货郎为小佐科买东西。 如果哪一次没有买下东西给佐科吃，他必然会大哭大闹，但给他买下后，他常常又根本不去动那些东西。

只是，佐科母亲兜里的钱，并不允许他儿子的这个爱好无限膨胀。 当时年幼的小佐科还体会不到母亲的无奈。 那些兜售食品的货郎，不管是谁经过，小佐科都会叫其过来。 他可不管谁替他付钱，总之，能买下来一些就行。 那些兜售者，有卖肉丸子的，有卖糕点的，有卖辣椒酱的，都想着法子绕过来。 只要有小佐科在，就肯定有交易，尽管有时可能要承受他母亲的几句唠叨。

小佐科的这个嗜好，也惹来过麻烦。 有一次，小佐科远远地看到一个货郎，便将他招呼过来了，也不清楚他卖的是啥。 当到了跟前，才知道是卖木炭的。 叫错人了，又不好意思就这样打发人家走，爪哇人是蛮讲礼节和面子的，最后母亲只得出钱买了些木炭。 其实，木炭对他们家来说，根本就派不上用场。

“你吃木炭呀，吃掉它呀！”母亲在外人面前不好说话，最后在家里发作了。 小佐科为此挨了批评。

后来，姥爷有时也故意作弄他。 当卖炭的挑着木炭担子经过门前时，姥爷便问佐科：“不买吗？”小佐科就会摇摇他硕大的头，他也知道木炭是不可以吃的。 看到心爱的小外孙这种萌态十足的模样，姥爷也不禁开怀大笑。

等长大之后，佐科回忆道：“以前，我并不了解我那些行为的意义。 后来我明白了，这是我怜悯小商贩的同情心在作怪。 这些小商贩收入微薄，勉强维持生计，而政府对他们又没有任何的帮助，他们只能自发地打拼，自食其力。 他们只有很少的钱，全都投入进他们经营的小本生意中，就是要赌一把，也许成功，也许失败。”而一旦失败，就会是灭顶之灾。 市井小民的经济活动，大多是依赖这一类小买卖，他们的日子过得不太容易，但精神很可嘉。 这段话是佐科对自己少不更事的狡辩呢，还是他自小就善心爆棚呢?

佐科的母亲苏吉雅米在 2012 年佐科参加雅加达特区省长竞选时，接受了记者的提问。 这位 69 岁的老人，提及小时候的佐科时，不禁会心地笑了起来。

“他小时候像什么呀？ 有点难以界定，算是处于顽皮与顺从之间吧！”苏吉雅米说，“我想起一件事情，但凡有货郎担子经过家门口，小佐科总是要求给他买下些东西。如果不买给他，他就会耍无赖，非要让你给他买来不可。有货郎经过，总是被他叫过来。不管是吃的喝的，他都要买一些。”这就是他母亲所说的顽皮。

小时候的佐科，还有一个有趣的经历。一天，他玩竹筒炮（一种用竹子做的大炮，以煤油为燃料），当他去点燃引信时，突然间火就冒了出来，将小佐科的睫毛和眉毛一起烧光了。火势来得太过突然，他毫无防备。为此，他哭闹了一整天。但没过多久，他的眉毛和睫毛又长出来了。

“从小时候起，他吃饭都比较困难，所以他身材很瘦弱。小时候更显得麻秆似的，他爱吃的是一种椰丝拌菜的饭。”苏吉雅米说。

当时参加雅加达特区省长竞选的佐科，身高一米七五，但体重只有53公斤。作为一名壮年男子，体重显然是偏瘦太多了。

“不过，打小时候起，我的孩子佐科就很顺从父母。当然，我的四个孩子都很听话。佐科跟我更亲近些，而他的三个妹妹，则跟她们的爸爸更亲近些。如果说很多父母都爱跟小孩子讲些神话故事，那么我从来没有讲过，因为我不会讲这些。”佐科的母亲说，她仅接受过小学教育。

“从小开始，我们就灌输给孩子好的性情，教会他们明白事理。年轻人对父母应当有礼貌，要虚心，懂得尊敬别人。我们教育孩子是用语言去劝导，从不用鞭子和粗暴的言行。”苏吉雅米如是说。

苏吉雅米还说到，她父亲身体还健康的时候，也就是在佐科上初中时，就对她说过：“你的这个长子，非常聪明，日后可不得了。”

苏吉雅米打心底里赞同父亲的说法。她甚至深信，她的儿子将来必定会大有出息。“他会是一个成功的企业家，或者是一个伟大的政治家。那是他小时候就给我的感觉，他不会服从你的领导，而是反过来，他要领导你。”苏吉阿米不无自豪地说。

佐科是崇敬和钦佩他姥爷的。多年之后，佐科说：“我姥爷经常教导我一些生活哲理，从小时候到工作之后都是如此。比如说‘你是一个男子汉，你有责任保护好你的妹妹们’。他教我的大都是爪哇人世代遵循的人生哲学，包括容忍精神、关心百姓和穷人等等。”佐科回忆着他的姥爷曾经的教导时说道，他姥爷是1988年离世的。

四　居无定所　数次搬家

在佐科一家入住属于其父母产权的位于梭罗市安雅尔河堤上那210平方米的家之前，佐科和他的三个妹妹跟随父母已经数次搬家了。现在这个地段已经变成吉灵安区的旅游总部所在地，而以前那里是竹木交易市场。

童年的佐科最初是在梭罗市斯拉姆巴坦村度过的，然而，1965年的一场大雨，梭罗河水泛滥，淹没了梭罗市三分之一的地区，佐科的家也不能幸免，因此他们搬迁到了同一镇区的吉灵安竹木交易市场附近，他们的家安在了安雅尔河堤的南部。此时，佐科的父亲也开始了竹木销售业务。

这种居无定所的日子并没有从此打住。当佐科上小学四年级时，他们的家遭到梭罗市政府的强迫拆迁。当时传出的消息是，当地政府计划在此建设公交总站，因此吉灵安竹木交易市场必须搬迁到安雅尔河堤的北部。

所谓强迫拆迁，之前根本没有任何消息透露出来，对于那些瞬间失去居所的人来说，真是心头之痛。佐科一家便经历了这种痛苦。当地政府，仅仅是在安雅尔河堤的北部给他们提供一小块土地，再没有给他们提供过一分钱和用于重建新住所的任何建筑材料。

由于无钱建房，佐科一家人只得暂时借住在其大舅米约诺的家中。一年半之后，他们再次搬家，这次的新家安在梭罗市西玛纳韩阿赫玛德燕尼路 331 号。

小时候佐科的生活可谓异常艰辛，但佐科并不把这些看作贫困和不幸。佐科甚至不将这些看成一种磨难，而看作真主对他的人生的一种历练和考验。也正因为如此，佐科从来不会大谈他小时候的事情，而提问者却总是想挖出一些他小时候生活艰辛的内容。因为，实际上，在佐科的脑海中，想到的是小时候一些美好的事物，他不愿意在过去生活的波折上过多纠缠。

然而，在佐科的童年时光，忧心忡忡的状况还是常常伴随着他的。

想起过去，小时候生活的简朴拮据，存留在他的记忆中。在河边的家很简陋，房屋很小，却也很温馨，有一个家的感觉。食物的不足对他们家来说是常事。回忆起这些，总是能给他增添精神力量，促使他增强信念，做出更多有益的事情，去帮助需要帮助的人民。 童年时期生活上的种种忧虑，对于佐科来说，是对社会底层人民生活的第一个体验。

佐科小时候所耳闻目睹的是梭罗市井小民的生活，同样是市井小民出身的他，感同身受。 支撑着下层人民的是什么？ 是勇敢，是感恩和意志。 在他们中间，并不是所有的人都是绝望的。 不错，爪哇人大都有一种逆来顺受的思维方式，也有一部分人认为命运天成，不认可人的努力可以改变命运。

当然，时代的发展也让一些人接受了新的思维方式，尝试着改变自己的命运。 在芸芸众生中，包括佐科的父母亲，还是抱着美好的愿望，决心以其不折不挠的奋斗精神，改变其原有的生活轨迹。

佐科位于梭罗市河边贫民窟的房子，与其他人的房子几乎一样，这样的房子在河边排成一长列。 大部分房子的墙都是用竹笪编织而成的临时搭建物，不是那种永久性的建筑。 照明用的是煤油灯，灯光暗淡，但觉得很平和。

自从佐科的母亲生下他后，他第一个简陋的家便在梭罗市一个叫斯拉姆巴坦村的地方。 房子距离河边很近，水流潺潺，声声入耳，倒是像免费的催眠曲。 这个地方的环境很差，脏乱无序，人口却高度密集，是人人皆知的贫民窟地带。 因为父亲的收入太少，没有能力租住更好些的房子。

然而，上天就是这样安排的，这么糟糕的地方居然也可以住人。 在雨季，梭罗市的河流河水湍急，生活在河边的人家就显得特别危险，河堤随时都有垮塌的可能。 但这里的人们似乎也生命力特别顽强，那成排的简陋的房子就是生命力顽强的象征。那出租屋就是底层人民生活的见证。

就像租住在河堤的其他人家一样，对佐科一家来返搬家是常有的事情。一般来说，有时候是房东要收回自住，让他们搬走；或者是有新的租户愿意出更高的价钱，而让他们另外寻租。在这种情况下，在简陋小屋居住的安宁，也因为经常性的搬家而被打破了。当佐科日渐长大后，越来越体会到流浪于河堤间生活的真谛。他能够从不同的角度去观察和体验不同河段的景色，这对尚处童年时期的佐科来说，本身也充满了乐趣。

在佐科的记忆中，第一次搬家还是在他不会说话的时候。他们的家搬到了达翁基杜尔河边，那里同样是贫民窟，情况一样令人担忧。两家人的房子紧连在一起，中间仅由竹片编织物作墙，把两家人隔开，可以说完全没有个人的私密空间可言。在这儿，佐科的家人短暂居住一段时间，后又搬到了一个叫蒙贡的地方安家。同样还是河堤，但这次是在佩佩河的河边。他们在这儿住得比较长久些，佐科的三个妹妹，都出生在佩佩河边。

当年的生活与现在比较起来，那简直是天壤之别。但少年的佐科，并不感到生活上有什么特别的难堪，因为大家情况相仿，没有什么可埋怨的。并不是单单他们一家人处在这种艰难困苦中，还有更多的人比他们的生活还糟糕得多呢！

五　河边戏耍　独门绝技

佐科小时候总是处在大自然的怀抱中。河里的流水声，住在河堤周边的人家发出来的各种响声，构成城市贫民区生活的交响曲，深深地刻印在佐科的脑海中。城市边上的河流，是下层社会生活最真实的舞台，也是下层人家幸福的源泉。那里有泪水，也有欢笑，生活就是这个样子日复一日地延续着。20 世纪的60 年代，梭罗市里的大小河流，河水大都还很清冽，大人小孩都喜欢到河里洗澡游泳，各家的痛苦和欢乐，也在早晨和傍晚的河里聚会中，得到交流与分享。

几乎每一天，佐科天还没有亮便起床了。清晨，很多人已经聚集在河边，母亲们带上满桶的脏衣服去河边洗涤。男人们则带着各种物品和劳动工具到河里去清洗，或者将物品先浸泡于河水中。孩子们在上学前，先到河里游泳洗澡。一大早，那条河便目睹了小城人们生活繁忙的开始。那河堤上下所发生的，就是这个城市平民的真实生活写照。一切都来得那么简单，那么自然，那么平凡无奇。

每天清晨，佐科和周围的几十个孩子，会不约而同地聚集在河里游泳玩耍，那是他们一天简单生活的开始。有时候会发现河水浑浊不清了，河里漂来人们从家里带来的马桶倾倒物，但这也减少不了孩子们的高兴劲儿。在那略显冰凉的河水中，小佐科感到清爽舒服，更重要的是大家都在一起的感觉。母亲们的微笑，孩子们的欢乐，那是一种对生活十分期待的情景。作为社会底层的人民，大家情况相仿，有时生活也并不觉得特别痛苦难熬。

傍晚，舞台还是在河边，那时的河床远较现在宽广。孩子们会到河边自由自在地放着风筝，一大群孩子在河滩上，热热闹闹地追逐着踢足球，或者到河里游泳洗澡。

佐科最喜欢到河边去钓鱼，在河床上放风筝，在河滩上踢足球。就算是在河里游完泳、洗完澡后，小佐科也并不急着往家赶。要是河里没什么可玩的了，或者他感到腻味了，他就会静静地坐在河堤边上，看着那些在河里面忙碌着的人们。

佐科另一个爱好就是在河边捡鸭蛋。他不是去拿左邻右舍饲养的鸭子在院子里或者在鸭窝里所下的蛋。那种事情，佐科是不屑一顾的，那可不是他的性格。通常，有些鸭子并不在自家的窝里下蛋，而是跑到公共场所去下蛋。在开阔地，在河边，在园子里头，或者在马路上，鸭子都有下蛋的可能。这是一些无主鸭子生的，下完蛋它们就跑了，也不清楚到底是谁家的鸭子下的。这种鸭蛋谁捡到就归谁得，不存在道德问题。当时周围的人家养了大约30~40只母鸭，小佐科就瞄准了这些鸭子在野外下的蛋。穷人的孩子早当家，各国皆然。

若干年后，他在记者采访时说道："我喜欢到河里玩，在河里游泳洗澡，垂钓和捡鸭蛋，我那些都是很在行的。我知道鸭子会在什么地方下蛋，但这是我的秘密，是我的独门绝技，我不会告诉同伴的。"

"那时我是小孩子，一捡到鸭蛋，就匆匆拿回家来，自己动手，生火炒蛋，然后自己就先享用起来。当然，玩伴是有的，大家在一块儿玩耍，但在捡鸭蛋的问题上，我不会去跟人分享。"佐科补充道。

能够捡到不用花钱买来的鸭蛋，对于小佐科来说，那是很令他高兴的事情。河里是鸭子最常活动的地方，河边也是鸭子下蛋的好去处。少年佐科，凭着他的敏锐观察，善于思考，常常表现得比同伴们更有灵性，捡到的鸭蛋自然也比别人多。只要他愿意，而且有时间，他总能找到鸭蛋，极少空手而归。带着那些从河边捡到的鸭蛋回家，佐科那种自豪感和成就感，不是三言两语所能形容的。

六　贫困生活　磨炼意志

佐科还不满10岁时，就开始一次次地搬家。每次搬家，并不意味着家庭变得更富有，而是更贫困。因为每次搬家都是被迫的，不是洪水，就是拆迁。很显然，每次搬家，都要损失点什么。

由于没有钱盖新家，哪怕是最简陋的家，也没有能力盖，那么出路只有一条，就是经常到亲戚家借住。

他们曾借住舅舅家，当时父亲一脸愁容地对全家人说道："我们只得暂时住到舅舅家里。"

这是小佐科第一次同时感受到两个事情：第一，因为有亲情，所以感到安全，不至于穷困潦倒露宿在街头。第二，另一方面，他们本不必这样的。寄人篱下的生活可悲可叹，那是佐科自小就深切体会到的。也许，那时的佐科已经步入发育期，对很多事情都变得敏感起来。他从那时候就开始考虑着做点什么，帮助家里走出困境。

在不断搬家的过程中，佐科家的生意变得异常困难，资金周转不灵了。父亲不得不再找其他合法的工作做，给别人当司机，开私家车、开市内公交车，长途货物运输车、长途客车也都开过。母亲则继续售卖竹木帮补家用。佐科小时候经常在深夜里很担心地等待着父亲的归来。开长途车，回家的时间是很难预料的，甚至经常不能按时赶回家。如果父亲能够回到家，哪怕是看到他很疲惫很辛苦，但能够看到父亲平安归来，全家人的心都感到踏实。

小时候的佐科就是在这样的环境中度过的，对社会的下层生活体会至深。他们的生活状况的确令人担忧，但并不让小佐科感到悲观。当时，小佐科最推崇的榜样，就是他自己的父亲。他具有不屈不挠的奋斗精神，给他们家带来生活的改善和希望。当时的小佐科并没有想到，将来长大之后要做什么，但是自食其力、自强不息的信念已经深深地印入他的脑海中。

佐科父亲的生意逐渐有了起色之后，终于在梭罗市购买了一所很简陋的房子。当时佐科已经上高中了。打那以后，他们一家就不用再到处流浪了。家安在河堤贫民窟的那一幕不会再次上演了。

佐科一方面很感恩他们家的生活慢慢得到改善；另一方面，他也很怀念在河堤居住的日子，河里的流水声每天唤醒他，或者陪着他进入梦乡。他还记得一起居住在河堤上的左邻右舍，他们的喜怒哀乐，他们的哭声和笑声。遇到困难时互相帮助的兄弟般情谊，让他难以忘怀。

那些居住在最糟糕的地方的人，其实都是一些很坚强的人。他们的意志坚定，耐心沉着，坚韧不拔。只有那些坚强的人才能在这么恶劣的环境下求得生存。事实上，河堤并不适合人们居住，而且充满危险。一旦洪水暴发，就会堤崩屋垮，财产甚至人们自己都会顺流而去，人财两空。在这种环境下，居住在河边的那些市井小民，却数年甚至数十年如一日在那里坚守着。

虽然曾经颠沛流离、寄人篱下，但佐科是感恩生活的。这段经历让他体会到了底层人民生活的疾苦，让他有了奋斗的方向，那就是，等他将来有了能力时，他要去改善这种状况，让人们生活得更美好一些。

第二章　青年挫折

佐科接受正规的学校教育始于班查尔萨利镇一个叫克特兰的幼儿园，他在这个幼儿园上过一年学，更准确地说，那是一个一边玩耍一边学习的地方。

之后佐科在梭罗市提尔托约梭的第 111 国立小学就读。他花在学习上的时间并不多，学业对他来说显得太过轻松了。小学六年，他的学习成绩在班里总是排第一。

1974 年小学毕业，佐科进入梭罗市国立第一初级中学。当他坐在第一初级中学的椅子上时，学习的自觉性油然而生。他越来越勤奋，学习成绩在班上经常排名第一。这也许是得益于该校的学习氛围吧，大家都很努力，你追我赶，互不服输。因为这是梭罗市的一所名校，能够有幸进入该校的，都是各小学最优秀的学生，哪个在学习上没有两把刷子？佐科暗下决心，要在激烈的竞争中立于不败之地，成功升入理想的高中。

一　青春叛逆　爱上摇滚

佐科的青少年时期目睹了许多社会不公，他是在对这些不公平的反思中度过这段时期的。 刚好此时又是一个人成长中的叛逆期，佐科自然需要一种形式来表达他心中的躁动不安。 因此，音乐成了他的寄托和发泄的形式，这就是当时在那个城市刚刚兴起的摇滚乐。

在离佐科就读的梭罗市第一初级中学不远的地方，有一个叫作特任占的摇滚乐队，由塞提亚万 · 佐迪建立，该乐队从 1969 年开始逐步为市民所熟知。 当时，这个特任占摇滚乐队经常在玛纳韩南边的一个地方进行排练。 恰巧的是，那个训练场就在佐科上学回家的必经之路上，佐科被乐队令人耳目一新的表现形式吸引住了，就想接近乐队，了解乐队的训练情况。

在佐科来说，当他第一次看到一帮长发披肩的青年在疯狂地玩摇滚，简直目瞪口呆，但他很快就喜欢上了摇滚乐。 于是，放学之后，不管是徒步，还是骑自行车，他总是抽空到那个训练场待上一会儿。 那成了佐科每天必修的功课，他也因此变得活泛起来。 因为乐队中有塞迪亚万 · 佐迪，这个团体显得非常时髦，塞迪亚万 · 佐迪是当时梭罗市年轻人表达自由的最杰出代表。 佐科几乎每天都去看他们排练，不是进到他们排练的现场，而是站在远处观看。

每次那强烈的重金属音乐的打击声响起，他的精神就会为之一振。 而接下来那高亢的歌声，带给他一种自由奔放、铺天盖地而来的感觉，在他的心中引起强烈的躁动与共鸣。 佐科能够领会摇滚乐的精神实质，每当特任占摇滚乐队那激奋的音乐响起，佐科的身体就会不由自主地跟着舞动，他真是完全被迷了住了。

从那时开始，佐科就成了狂热的摇滚音乐爱好者。 在家里，他的行为显得古怪起来，在自己的房间里，他像个摇滚青年那样蹦跳着，大声地叫喊着，模仿着摇滚乐手的行为舞动着。那些他所崇拜的摇滚歌手的照片、招贴画没少挂在他的房间。

青少年常常紧跟世界发展的潮流，印尼的年轻人也不例外，他们要表达长期被禁锢了的自由的强烈愿望。 青年时的佐科，身材瘦长，长发披肩，他把自己打扮成一副要表达强烈愤怒与抗争的愤青。[1]

“摇滚音乐崇尚的是自由，歌词带着狂野、果敢的情调，很有生气，能够冲破一切的阻碍。”佐科评价道。 因为对摇滚乐如此狂热，所以，在他上初中、高中时，也模仿着摇滚乐手，固执地留起了长头发。 看到佐科如此这般的言行作态，老师们也只能直摇头。 当时，佐科认为，作为一个摇滚乐者，为表达他的自由不受禁锢的精神，就应当留长发。 正如其他的摇滚乐者，他也爱穿紧身牛仔裤，这使本来就瘦弱的他就显得更加另类。

通过摇滚乐，精神上的躁动得到释放，佐科的思想变得更加敏感。 人们生活的贫困和忧虑，让佐科有了更多的反思。 日常生活中所看到的种种不公，开始让他思考社会更深层次的问题。

“很多事情，原本不需要走到那一步的。”他说。但事情一直就这样发生着，并且有愈演愈烈之势。他看到，那些小商贩的家，还有他们可怜的生意，就那样很不公平地就被强迫拆迁了，他们被赶走了。而那些社会弱势群体，没有得到任何的帮助和安置。还有上层社会的各种舞弊行为，是那样的肆无忌惮，令人发指。所有这些，都开始进入到佐科思考的脑海中。

尽管他对摇滚音乐是那么的狂热，而且表现出行为都的癫狂和固执，但他母亲并不感到这是个问题。佐科并没有走入歧途邪路。他不曾喝酒，也不吸烟，或者去文身什么的，仅仅是热爱摇滚这种音乐形式而已。他这种喜好并没有让他的学习成绩变糟，他照样将优秀学生的称号收入囊中。高中毕业时，他获得所有在学校学生中最优异的成绩。

佐科对于摇滚音乐的喜好保留至今，甚至，他还收藏着印有他所喜爱的摇滚音乐手肖像的衣服，比如：勒德·泽贝林（Led Zepellin）、金属乐队（Metallica）、死亡汽油弹（Napalm Death）、神的羔羊（Lamb of God）、梦剧场（Dream Theatre）。他也会收藏摇滚乐队的卡带和DVD。若有空闲时间，他也会去观赏摇滚音乐会。在他担任梭罗市市长期间，他曾经观看林肯公园（Linkin Park）、神的羔羊、摇滚梭罗（Rock in Solo）等摇滚乐队的表演。

二　成绩优秀　落选一中

初中毕业之后，佐科和很多同校的同学一样，都期望着升入梭罗市国立第一高中深造，这也是所有梭罗市初中生心目中的首选名校，佐科也不例外，大家都憋着一股劲要考入该校。然而，佐科的梦想破灭了，他并不像他很多的同学那样幸运，他们都成功升入第一高中。最后，他只得怀着沉重的心情，接受进入梭罗市国立第六高中的命运。

佐科未能升入梭罗市国立第一高中，这是他人生中经受的第一次重大挫折，对心比天高的佐科打击实在太大了。他显得那么沮丧，整天将自己关在房间里，不愿见任何人，因为自觉脸上无光，只有要去上学时才勉强走出房间。为此，他还曾经染上伤寒，大病了一场，可见佐科当时所承受的打击有多大。

佐科被梭罗市国立第一高中拒绝，很多人都是知道的。佐科对此很是不忿。当时的入学遴选方法，并不是以学生的学业成绩作为主要依据。佐科怎么也想不明白，自己的学业如此出色，为什么偏偏就进不了自己向往已久的梭罗市国立第一高中?

多年之后，佐科对于自己高中升学考试的失败仍然耿耿于怀。那时候的考试不像现在的全国标准考试，不是以成绩的高低作为依据的。“以前，应该明白的，其中可能有内部作弊存在。我初中毕业成绩优异，却进不了自己想进的学校。对此，我有半年时间闷闷不乐，将自己完全封闭起来，甚至无心向学。到了高二、高三，我才发奋努力，想争取好成绩。”佐科多年后在接受记者采访时说道。[2]

佐科被梭罗市国立第一高中拒绝的原因恐怕与佐科接受了摇滚乐的影响有关，他的穿着打扮，大有向摇滚乐手看齐的态势，学校的老师们恐怕也普遍对此感到不安，因为他们的思想还是传统守旧的。当然，受到摇滚音乐影响的学生，肯定不止他一个，接受这种新潮服饰打扮的也肯定是有的。只不过，一个学业优秀的学生，跟别人混到一块干什么？这就让他显得更加抢眼了，而枪会打出头鸟的。在那个时代，学生的命运，很多时候取决于学校的管理层和教师的意见。

佐科在六中的同班同学兼好友玛赫穆德·努尔文都说，佐科对考入一中期望值很高，结果却没能如愿以偿，不得已才进入六中。“开学时生了一场大病，一周都没来学校上学。当时他的父亲用自行车载着他到了我在芒古裕丹的家里来。除了向我询问课程的事外，还借了我的笔记本回去看。”

高中的第一年，尤其是第一学期，佐科对于学业是得过且过。升学的事情对他的打击实在太大了，他都有点破罐子破摔，无心向学的味道了。除了出门上学，佐科基本上将自己关入房间，不愿意跟任何人交流。沉默寡言的性格进一步形成。

在儿子身上发生的一切，自然逃不过母亲那犀利的双眼。这时，母亲语重心长地启发他说：“你现在如此三天打鱼，两天晒网的，再不用功，将来如何能够考上你理想中的著名大学？实现你的梦想？”母亲的规劝宛如敲响的警钟，振聋发聩。他终于慢慢醒悟过来。既然升入理想高中的愿望落空了，作为男子汉，那就得坦然接受失败。哪怕这是极不公平的结果，也是无法改变的，再纠结于过去是无益的。明白了其中的道理后，到了高中的第二年，慢慢地他在学习上又有了一股狠劲。他的目标瞄准印尼第一名校——日惹市的国立卡查玛达大学。

佐科母亲回忆道，关于佐科的学习，总的来说，他一直都是勤奋的，学校布置的作业他都自觉地按时完成，根本不用她操任何心思。

三 郁闷沉默 发愤图强

（一）郁闷求学

刚开始，佐科对上六中多有抵触情绪。当然对六中抵触的并不是佐科一个，很多六中的学生，心思和佐科差不多。为什么佐科心里有那么多的抵触，极不乐意进入梭罗市国立第六高中呢？因为这所高中之前是一所职业学校，有段时间还是梭罗市国立第五中学属下的一部分。只是到了1976年，根据印尼文教部新任部长达乌特·尤素夫提出的改革新政，才改立为梭罗市国立第六高中。[3] 虽然校名改了，但地方还是老地方，之前的校名大家都还熟记着。若问人时，旧校名谁都清楚，新校名知道者没有几个。

1977年佐科就读于六中时，学校才刚刚改制，他是改制后的第一届高中生，1980年的首届高中生毕业。当年，梭罗市共有6所高中，那些被认为最聪明的学生都被一中网罗了去，而六中，名次则排在最后一位。进入六中的学生，总体素质与进入一中的学生是没有可比性的，与梭罗市其他国立高中的学生相比，也不是相差一点两点。这事大家都心知肚明，当年谁进了这所学校，都会憋上一肚子气，感到脸面无光。

更要命的是，该职业中学之前的校名，采用的印尼语缩略写法，给人的感觉好像是一所初级中学，学生们都不乐意听到看到这个名字，感觉特没有面子。 这也不怪他们，都是处在叛逆期的孩子，读完了三年初中，现在好像还得到另一所初中去再熬三年，换了谁都不乐意接受。

职业中学，顾名思义，就是专门为即将走出校门到社会上谋生的学生们灌输一些就业实用技能的学校。 因此，学校里面设置了很多实验室，如木器、铁器、机械、电工操作、打字训练、会计出纳操作等设施和场所。

追究起六中的前世今生，还真有点名不正，言不顺。 在此就读的学生，岂能不感到郁闷?

（二）沉默寡言

据佐科的高中同学思吉特·哈尔扬托讲述，佐科的性格比较特别，其喜怒哀乐都跟其他的同学不同，不大合群。 尤其是在选择食物上，他向来都不是随便选择的，比较挑食。

“佐科似乎没有什么喜好，课间休息，其他同学都选择走出课室，到外面去闹、笑、玩耍什么的，也有一些同学爱吃零食，跑去食堂附近买零食。 而佐科呢，只是站在课室的门边上，每日如此。”

努尔文都也很赞同思吉特的这一说法。

“高中三年，我一直跟佐科同桌，极少见到佐科跟同学们一块闹、笑、玩耍，课间休息，他总是站在课室的门口，不苟言笑，如门神一般。”

思吉特是一名矿工，他现在还记得一些和佐科相处时的事情，有一次，佐科求他和其他同学帮其将熄火的摩托车推着回家去。

“当时佐科是有摩托车的，放学时却熄火了。没有办法，只得求助于我和其他同学，帮他一块推着车走，回到他在军区总部附近的家。”

思吉特也说：“真想不到，当年沉默寡言、表现平平的佐科，现在变得这么伟大，期望他带领印尼人民，建设出一个更加美好的国家。”

高中时期的佐科之所以会如此沉默寡言，恐怕跟他不能升入理想的高中有很大关系。他不愿意跟别人多谈自己的事情，尤其是自己的家庭。祸从口出，他不想多惹事，避免麻烦无端地产生，在当时的政治社会环境下，这是保护自己的最好办法。可当时又有多少人能够明白佐科的良苦用心呢?

（三）抵制歪风

年轻的佐科表现得十分吝啬，同学们叫他“吝啬鬼”。在六中上学的时候，同学们都别指望在考试时获得佐科的任何“帮助”。

努尔文都算是佐科六中上学时的同学兼死党了，佐科的学习成绩很好，同学们都想得到他的“帮助”，但每次考试他都不肯帮忙。

“他考试或者考查时，从不肯帮任何同学作弊，他不肯告诉同学如何答题。问了也是白问，他可以对你不理不睬的。我算是他最要好的同学了，我不会在答题时问他，他也不会告诉我。他在这个问题上显得很是吝啬，表现始终如一。”

努尔文都还讲述了一件事情。高中毕业后，他和佐科一样，报考了卡查玛达大学，他们两个都是从梭罗市到日惹市，但坐不同的车，走不同的路。

“他之前并没有说他要报考卡查玛达大学的林业学院，其实，我也报考了该学院。幸运的是他被录取了，而我没有。这就是佐科，不声不响的，但能够成功。”

佐科之所以被同学称为“吝啬鬼”，不过因为他不肯帮同学考试时作弊。其实，这正是佐科诚实的表现。在佐科看来，作弊这种事是不值得做的。学习，就得靠自己的真本事，而不是靠作弊。作弊，能够对谁有好处？在做学问的问题上，来不得半点的虚伪。懂就是懂，不懂就不要装懂。投机取巧，是自欺欺人。哪怕有些人是一时蒙混过关，对自己始终还是有害无益的。佐科就是这样诚实的人，从中也可以看出佐科的父母，的确教子有方。

另外，在升高中的事情上，佐科憋了一肚子的气。不是有人不让他进入好的学校吗？那么，他就让这些人看一看，跟他们比一比，看谁的学习更好，谁能考上理想的大学。高中时期的学业成绩是重要的，是进入大学的依据，凭什么他要给自己树立更多的竞争对手呢？

（四）专心学业

在高中时佐科沉默寡言，不爱作声的性格使得他一直没有机会当上班长或者学生会的干部。“除了诚实、聪明，佐科就是不声不响，不善与人交际。以前完全没有表现出一个领导人所应该具备的才干。高中阶段，佐科除了学习成绩不错外，其他方面都平凡得很，一点也不突出。所以，班干部、学生会干部自然都没有他的份。”努尔文都实话实说，并没有因为现在佐科人气高涨而有讨好他的意思。

其实，大多数人都不能理解佐科的这种性格。在“新秩序”的政治氛围下，佐科知道自己该做哪些事情。他并不想暴露自己，不愿意做抛头露面的事，最好的办法就是不做班长，也不当学生会干部。让那些热衷于此的人去相争和表现吧！没有了利益瓜葛，谁还来找他的麻烦？他将自己的精力全用在学业上，结果，他的学习成绩在全校名列第一。这其实也是佐科的高明之处。大丈夫能屈能伸，何必争在一时？是金子，总会发光的。

当然，佐科初中时学业成绩就出类拔萃，只是出于某种说不清道不明的原因，才不得不进入这所三流学样罢了。跟这些不同起点的同学竞争取胜，其实是胜之不武，也不是什么值得炫耀的事情。他唯一要做的，就是在高中阶段，将学业基础夯实，考入著名大学，再去跟那些从全国范围内遴选出来的天之骄子一争高下，这才是他的目标。以六中这种刚设立的高中，其师资力量和经验底蕴，跟其他国立高中相比，都有很大差距。佐科想要与名校的优秀学生比拼，他自己当然明白这该是多么的任重而道远。

四　考入名校　日惹求学

1980 年，佐科从梭罗六中毕业，总成绩全校排名第一。他参加国立大学入学考试，顺利通过，以优异的成绩被日惹的卡查玛达大学录取，终于实现了心中存在已久的梦想。

因为受母亲一方家庭的熏陶，潜移默化，佐科打小就有将来进军木材业的打算。所以，他坚定地选择了卡查玛达大学林业学院的木材加工技术专业。他上大学的目标一点也不含糊，就是盯着家族经营的行业，即认真学习与木材家具业相关的那些方面，将来学以致用在这一行中大展身手。

儿子能够成功进入名校深造，本来是一件大喜事。然而，对于只是一个木工的佐科父亲来说，却又是另一回事。由于家庭经济的拮据，对于儿子的学业成就，诺托·米哈尔佐可谓悲喜交加。

喜的是儿子有出息，金榜题名，光宗耀祖，谁人不对他诺托·米哈尔佐投来羡慕的目光？谁个不对他竖起大拇指，对他另眼相待？而且，这也是他梦寐以求的结果呀。让儿子有机会接受高等教育，是他这个做父亲的早就定下的目标。可当这一刻到来时，他又感到手足无措。他经营的小生意，时好时坏，没有保障。他的收入，仅够一家人勉强过日子，哪来的余钱供儿子读大学呢？

喜的是儿子有出息，悲的是自家的经济状况。上大学需要额外增加一大笔开销，以佐科家当时的情况来说，可谓雪上加霜。

“我上大学时，家庭经济不光是有限，而是拮据。”佐科回忆道。

尽管生活拮据，开销不足，但这位坚强的父亲并没有丧失信心。他更加拼命地工作，争取让他四个孩子都能完成学业。为此，佐科的姥爷，甚至将牛卖掉，筹钱给外孙上大学。其他亲戚，也纷纷解囊相助，伸出援手。佐科从这事中，深深地感受到了情谊的可贵。

而佐科也非常争气，他在高考前就反复考虑过，一定要考入国立大学，国立大学最省钱，家里东拼西凑，也许还有希望。若要上私立大学，昂贵的学习费用，他们家无论如何也承受不起。

由于家境贫寒，他上大学的一切费用都得精打细算，能省则省，一点也不含糊。在日惹上学期间，他选择了寄宿，为了给家里省钱，他选择住最便宜的宿舍。因此，他总是在搬家，大学四年多，最少搬过五次家。他每周或者每月回家一次，所选的交通工具是大巴。

他不想再增加家里的负担，这样他就得尽快地完成学业，不能留级。他对于木业很有感情，因为姥爷家世代以此为生，佐科的父亲也加入了这一行，佐科对该行业也十分喜欢。所以，他学习起来非常上心，他甚至对各种木材产品的文化和价值都非常敏感。

在大学校园里，除了学习学科专业知识，佐科的批判精神还进一步得到加强和提升。在校园里，谈论大学生的行动变成日常最时髦的事情。大学生学报在学生中秘密流传着，佐科也有自己的渠道，能搞到这些学报，并热衷于去拜读它，那些文章和消息揭露了社会上的许多秘密，令他眼界大开，明白了许多事情。当然，在当时的形势下，这样做也是非常危险的。

佐科也经常跟几个志同道合的同学一起，找一些不起眼的地方，一道对他们感兴趣的问题做深入的探讨。

当时，一些大学同学无端被逮捕，一些被认为危险的大学生组织被当局取缔，已经成了司空见惯的事情。作为一个年轻人，佐科认为不让学生讲真话是不行的。但他当时并没有具体的行动，更多时候是他作为一个观察者去审视那些敏感的问题。

在那个时代大学校园的氛围中，佐科意识到一件很有意义的事情，就是要具有批判精神。他清楚地观察着对人民公平的问题，他自觉地学习这些。从大学生关于平民百姓平等问题的讨论中，佐科学到了“民主精神”，以及如何去关注和帮助那些没有获得公正对待的地区和群体。民主应当是创造美好的，而不是扩大不公平。这些当时佐科还没有完全认识清楚，但讨论为他的思想打开了思路，并扩大了他的视野，想当年大学生们所批判的，还是很有道理的。在大学里，佐科的批判精神得到充分培养。他非常热衷于政治事件的探索。

此外，他也喜欢听音乐和爬山。佐科喜欢音乐的兴趣在大学里进一步得到加强，而野外爬山的兴趣也是在大学时代培养起来的。除了爪哇岛的高山，苏门答腊岛的科林吉山，也被佐科及同伴们一块征服过。

20 世纪的 80 年代，卡查玛达大学看起来像平民学校，学生们都表现得十分简朴。那些富有的学生，也跟着简朴的学生一块装简朴，虽然他们肯定感到不自在。简朴也成了那个年代卡查玛达学生的突出特点，但学生的学习劲头很足，求知精神让人钦佩。

当年，开着车到校园的学生几乎没有，大多数学生是骑自行车或者成群结队走路去上学的。学生们从各个寄宿点，穿过弯曲的小巷子走出来。那些寄宿点有的非常简陋。很多寄宿学生是不吃早点的，因为吃早点被认为太奢侈了。大家都空着肚子，说笑着一块热热闹闹地上学去。

那时，很多同学在一起寄宿，十几个人围着一个收录机欣赏音乐，或者十几个人轮流玩一把吉他都是常有的事，在那些寂寞的苦读日子里，这是他们的乐趣。很少有学生能够买齐教材和讲义，许多人的教材都是从旧书摊上淘来的，复印教材的生意十分兴隆。很多学生一日只吃两顿。现实生活有点苦，但同学们很有苦读精神和求知欲望，大学时光简直是天堂。

年轻的佐科心中坚信：不管现实生活怎么贫困，那也是人生教育中的一个组成部分。而教育可以点燃人们的希望之光，教育可以改变人们的生活。那年复一年、背井离乡、经济拮据的求学日子，不会是白过的，将来必有回报。

一般来说，在印尼社会，人们对卡查玛达大学的毕业生是高看一筹的。这是一所荷兰殖民统治时期就建立起来的大学，在印尼众多高校中，历史最为悠久，底蕴最为深厚，学科门类也最为齐全。在世界高校的排名中，在印尼各高校中名列第一位，比在首都雅加达的印尼大学还有名气。若要从政，该校的毕业生就好像是进入了快车道，升官速度也常令人刮目相看。印尼政府的很多高官，都出自该大学。

然而，佐科对“升官晋爵”却看得很淡，他在卡查玛达大学就读之时，对学生会等权力部门一点也不感兴趣，反而对兴趣和才华的发展更有感觉。 他认为，与其当学校那些活动的积极分子，还不如去选择爬山、野营、打篮球等活动。 这位梭罗市提尔托约梭 111 国立小学的毕业生，从来就没有认为自己也有成为政治家的资本。 在大学就读时，也从来没有过做政治家的美梦。 政治，似乎离出身草根的他太过遥远。

佐科在大学本科的成绩很优秀，是所学专业五名最快获得本科文凭的优秀学生之一，历时仅四年半，他便获得了林业工程师的头衔。

五　旁人眼中　沉默向上

（一）妹妹眼中　负责耐心

佐科有三个妹妹，分别是：伊特 · 斯莉雅米妮、伊达 · 雅蒂和蒂堤 · 莉塔娃蒂。 作为家中的长子和唯一的男孩子，他得照顾和保护好他的妹妹们，责任不轻。 自从 2000 年他们的父亲去世后，作为兄长，落在佐科身上的责任就更重了。 佐科的言行举止，成为妹妹们学习和效仿的榜样。

佐科对他的妹妹们爱护有加，甚至连妹妹们的交友问题，他都很上心。 他会毫不客气地禁止妹妹跟那些不负责任的男子交往恋爱。 他对妹妹上学的事情尽心尽力，从小学、中学时期的接送，到大学的选科、寄宿地点的选择，再到教育建设赞助金的缴纳等等，佐科都很用心去做。 佐科的苦心没有白费，他的三个妹妹，最后都接受了高等教育，取得了学士文凭。

他的大妹伊特说，佐科是一个恪守诺言的人，具有很强的责任感。

他的二妹伊达同意大姐的意见，并补充说，佐科是一位充满耐心的兄长，即使在生气的时候，妹妹们都没有听他爆过粗口。生气时，他更多选择不出声。他批评人时，口气仍然是文雅而细声的。

除了肯定佐科是一个耐心的人，他最小的妹妹蒂堤还认为，佐科工作够拼命。而且让她记忆尤深的是，佐科奉劝她，找丈夫就得找那些很好地掌握宗教知识的，有良好个性、诚实和有责任心的男人。

他的三个妹妹能取得今天的成就，并自主经营获得成功，是与这位兄长无微不至的关怀分不开的。

（二）朋友眼中　颇有个性

在朋友的眼中，现在的佐科和以前的佐科没什么两样。他初中时的好朋友杜鲁斯说道，在他的印象中，他们一起去洗澡时，佐科总是将脏衣服一起洗了，不让脏衣服聚积成堆。

而佐科在日惹卡查玛达大学上学时的同学，也是他多年的舍友里约赞同杜鲁斯的说法。他说，现在的佐科跟从前变化其实不大。他与佐科在一起的经历很多，包括一起在克兰丹出过车祸，这种经历终生难忘。

佐科在大学的表现，可以用意志顽强、不屈不挠来形容。里约说，佐科不多话，但意志坚定，敢于决断。他不喜欢讲自己的事情，而是喜欢听别人说，是一个不错的学习者。

玛赫穆德，这位当年佐科的高中同学，现在也是一名家具商。 他说，曾经给佐科牵线找同校的女孩子当女朋友，当人们就此事逗佐科玩时，佐科发了大火。 在高中阶段，玛赫穆德是作弄过佐科的。

玛赫穆德还说，佐科以前很不愿意看到同学打架斗殴。 高中的同学间经常发生冲突事件，玛赫穆德常常想拉佐科去看。

“同学们大都是喜欢看斗殴的，他根本不愿意看。 他就选择待在课室里。”玛赫穆德说。

从同学的回忆中可以看出，佐科是个颇有个性的人，不会随大流，跟那些不良风气根本沾不上边。

（三）老师眼中 沉默勤奋

西农·哈尔塔迪[4]，梭罗市第一初级中学的印尼语教师，现在已经退休。 他对佐科的回忆与他人有些不同。 “我刚入教师这行业时是 1971 年，才 23 岁，”在一次第一初级中学 74 级学生的聚会中，西农说，“我还记得，佐科那时喜欢说话。 从那时就可以看出他具有领导才华。 他很简朴。 让我印象深刻的是他对父母、对朋友都非常礼貌和尊敬。 他很聪明，但不愿意突出自己，直至现在依然如此。 他向来虚心，从上初中就是这个样子。”

据西农回忆，佐科跟学校没有发生过什么问题。 他甚至成为学生们的焦点，因为他善于表达。 他非常聪明。

他喜欢跟同学们开展讨论，也乐于帮助人，他得到同学们的信赖，但他不会沾沾自喜。 “他那种的简朴风格也带到了现在市政府的工作中。 他是个简单朴素的人，很多人都信任他，他能够保持风格，没有让信任他的人失望。他的领导作风是不多说话，但是多做事。”西农说道。

跟佐科面对面交谈时，曾经的初中老师西农转告佐科说："刚才我说过，你是一个聪明人，但有些人说你很笨，你被朋友小看了。”

佐科回答道：“管不了那么多，重要的是看行动。感情用事大可不必。”

西农老师对佐科性格的看法跟其他同学老师的看法大相径庭，在西农眼中，佐科是个善于表达的学生，得到同学们的推崇。而大多数人则认为佐科具有沉默寡言的性格。到底是西农老师记错了呢？还是佐科对西农老师感到特别亲切，愿意在他面前表达自己的意见，甚至达到畅所欲言的地步呢？也许西农老师并没有错，所谓一把钥匙开一把锁，或许在其他人面前，佐科保持沉默，但在西农老师面前，他能够言无不尽也不一定。更何况那是在佐科进入高中前的情形。

斯拉默·苏利普托[5]，是梭罗市六中教了佐科整三年的物理老师，他回忆说，佐科给他的印象是坚韧和勤奋，佐科是作为学校当年综合排名第一的优秀毕业生走出校门的，至今还令他印象深刻。

这位物理老师承认，他为能够教出像佐科这样一位诚信、体面、富有创新精神，然而依然保持诚实和简朴的领导人感到自豪。当他于 1977 ~ 1980 年担任佐科班物理课老师时，和其他科目的老师一样，他不仅仅教授学科方面的知识，也注重品德方面的教育。老师们都认为，应当将人生的哲学教给学生，让他们走上正道而少走弯路。他说自己虽然是一位物理老师，但他依然感到有责任将这些传授给学生。

时间一晃过去了38年，但斯拉默还记得佐科当年的情形。“我还记得他，性格沉默孤僻，但很勤奋。从来不苟言笑，总之，就是沉默寡言的那种。他听课会全神贯注，很细心。他做作业态度认真，老师们都喜欢他，他从来不会跟老师对着干。勤奋、原则性强，学业成绩能够上榜。”

斯拉默还记得，佐科当年给他的印象很不错。佐科在选科时是选择自然学科的。一般来说，选自然学科的学生都是好学生，很听话，很聪明。要是那些顽皮的学生，是进不了这学科的。

当时学校还是按照荷兰时期遗留下来的那一套教学方法教学。苏加诺时代是那样，苏哈托时代还是那样。“你好好学习啊，否则，你明天就不用再来学校了。学生不听话，就会挨揍，这种情形司空见惯。现在可不时兴那一套了。”已经过了65岁的退休教师斯拉默笑着说道。

当时学校对学生分科选拔非常严格，在9个平行班中，能够选入自然学科的有时仅一个班，有时是两个班，最多不会超过三个班。在实行分科教学之前，还要进行智商测试。当时六中是从日惹请来心理学老师对学生进行测试的。“能够进入自然学科，那是层层筛选的结果，都是智商极高的聪明学生。佐科，当然毫无疑问是高智商的聪明学生了。”斯拉默补充道。

另一位退休后到梭罗六中教学的地理课教师穆尔迪·苏意诺，也曾经教过佐科。他说，佐科从来没有被辅导员老师叫去批评过，也从未违反过学校的规章制度。穆尔迪说：“我通常给最优秀的学生打 8 分。我给佐科的打分就是 8 分。佐科勤奋、聪明。他选择了自然学科，也一直那么勤奋。更难能可贵的是，佐科从来不傲气，聪明但不盛气凌人。”

穆尔迪为佐科感到自豪。六中的毕业生，不少是从政的。除了佐科，还有在班查尔萨利当镇长的。

第三章　爱与家庭

一　妹妹闺蜜　情定终身

上大学一年级的时候，佐科便遇到了自己的最爱。她名叫伊莉安娜，也是梭罗市人，和佐科初识时她是一个纯朴而略显土气的漂亮女孩。伊莉安娜是佐科妹妹伊特的朋友，当时在梭罗市第三高中上学，经常被伊特邀请到家里来玩。因此，佐科跟伊莉安娜的相识，是在佐科自己的家里，一切都来得自然无奇。

佐科对伊莉安娜，可谓一见钟情。也许是她的朴实无华，也许是她的天生丽质，深深打动了佐科那颗年轻躁动的心。自从认识了伊莉安娜，佐科就认准了她，就决定将她作为自己的恋爱和结婚对象。从此，佐科心无旁骛，一心一意地追求着伊莉安娜。

但佐科从来都不是一个谈笑风生、风流倜傥的英俊青年。恰恰相反，他是一个沉默寡言、不苟言笑的人。谁都不否认他聪明过人，但木讷的性格是恋爱中的青年的大忌。一米七五的身高在印尼人中当然算是相当不错的高个了，但他那瘦如麻杆的体型让人难以恭维。佐科这种性格和外在条件，本身并不怎么吸引女性，尤其是漂亮、眼高于顶的年轻女性。

当年佐科接近伊莉安娜，并非像一般人那样，每天去献花、接送、送巧克力什么的。虽然伊莉安娜看起来略显青涩，但她也并非随便的女性，佐科足足花了五六个月的时间，才终于获得了伊莉安娜的芳心。

大约相识五六个月之后，佐科大着胆子邀请伊莉安娜去骑脚踏车，而伊莉安娜欣然答应了。这就意味着伊莉安娜接受了佐科的试探，对他有了些感觉，愿意与佐科处朋友。两人确立朋友关系很自然很平常，没有什么海誓山盟这些常见的“戏剧”场景。伊莉安娜与佐科的恋爱发展得很顺利，因为他们得到了双方家人的赞同。

据说因为年轻时的伊莉安娜长得非常漂亮，追求她的富有男性不在少数，但伊莉安娜谁也不理，一心只眷恋着佐科这个又瘦又黑的学生哥。还有的说当年伊莉安娜的家境比佐科家还殷实些。

伊莉安娜在佐科没有任何飞黄腾达迹象的情况下，在芸芸众生中，能够毅然决然、义无反顾地认准了佐科，愿意跟着佐科，真的是选中了一只绩优股，人们不得不叹服她眼光的独到！

1985 年大学一毕业，佐科便在亚齐获得了纸浆公司的工作。他离开了梭罗市和他的家人。1986 年底，他与伊莉安娜结婚，将妻子也带到了亚齐。但是，当他妻子怀孕之后，他毅然做出决定，辞职返回梭罗市。他跟伊莉安娜的结合，共育有三个孩子，即吉卜兰·拉卡布明（Gibran Rakabuming，1988 年 10 月 1 日出生），卡喜洋·阿育（Kahiyang Ayu，1991 年 4 月 20 日出生）和凯桑·庞阿雷普（Kaesang Pangarep，1994 年 12 月 25 日出生）。

关于佐科与伊莉安娜的爱情故事，不管是正式出版的刊物，还是网上都极少披露。记者要采访伊莉安娜，她总是闭口不谈，以其他理由推脱。

佐科的母亲苏吉雅米认为，伊莉安娜是佐科第一个也会是最后一个爱人。“据我所知，他只有一个情人，即他现在的妻子。她是我大女儿的同学。”[1] 苏吉雅米说。

苏吉雅米深信，她儿子不是那种喜欢老换女朋友的牛仔。佐科和他的妹妹们从小就关系密切，如果佐科真的交了其他的女朋友，她的女儿们肯定会知道，而伊莉安娜是伊特·斯莉雅米妮的同学，他自然不会这样做。

在苏吉雅米以说笑的口吻对记者讲述佐科的爱情故事时，佐科便插话道：“我们结婚前，处了四年多的朋友。我大学毕业后就到亚齐去工作，之后与伊莉安娜结婚，也把她带到了亚齐。那是在亚齐的纸浆公司工作。之后我们又一块回到了梭罗谋生。”

关于佐科有没有其他女朋友的问题，特里约诺，佐科的表哥，打小就一块玩耍的伙伴，也是从幼儿园、小学到初中都在同一所学校读书的同学，也说道：“在佐科的恋爱问题上，从未听过什么其他的说法。”

据伊莉安娜称，佐科不是那种罗曼蒂克的男性。结婚28年来佐科不曾送过一次花给她，而且佐科从来没有庆祝生日的习惯，不论结婚纪念日，还是他俩和孩子们的生日，夫妇俩都是低调处理，不事张扬。

不过，在伊莉安娜眼中，身为三个孩子的父亲，佐科是一个处事果断和负责任的父亲，对于违背原则的事情绝不会认可，对不违背原则的又需要办的事情，他大都持赞同意见。

据伊莉安娜说，除了处事果断，佐科也是个知道把握轻重缓急和如何处理事情的人。在家里他只关注家里的事，不提公事或政治。在家里所谈的都是家庭事务，虽然有时他也避免不了要带回来一些需要签署的文件。

二　虔诚慈母　本分贤妻

佐科作为草根阶层出身的人，在十多年间，能够由一名小微企业主，成为一个颇有名气的家具出口商，算得上是一位成功人士了。在他自己都无心参选的情况下，他被人说服出来参选梭罗市市长，结果一鸣惊人。然后在没有做任何竞选宣传的情况下，又以91%的高票率，连任市长，令人刮目相看。之后市长任期未满，又被人推选出来参加雅加达特区省长竞选。从一个领导50万人的小城市的市长，到竞选掌管一千多万人口的全国首屈一指的首都大省的省长，已经让人不可思议了，但居然还胜选了。五年一届的省长任期才做了两年，板凳还没有坐热，又匆匆被人推出去抢总统大位，居然又登顶成功。从一个政坛白丁，到权倾一国的元首兼政府首脑，仅用了短短九年的时间，还是由全国选民直选出来的。普天之下，试问有谁能敌？当然，那种世袭的领袖不能算在此列。那么，佐科算不算伟大？这样一位政坛奇葩是怎样培养出来的？

每位伟人的背后，都有一个谆谆诱导、耐心呵护孩子成长的伟大母亲。“母亲是孩子接受教育的第一所学校。”一位哲人如此说过。而佐科的母亲，又是一个什么样的人呢？

佐科的母亲苏吉雅米，是印尼中爪哇省梭罗市伯约拉里县安普拉克镇吉罗托乡古穆克雷佐村的人，1943 年 2 月 15 日出生在一个普通的爪哇农民家庭，没有显赫的出身背景，仅接受过小学六年的初级教育。16 岁就与 19 岁的青年诺托·米哈尔佐结婚。两年后他们诞下长子佐科。在 20 世纪60 ~ 70 年代，这家人带着他们尚幼小的孩子们，在梭罗市几条河边的贫民窟里打着圈圈，过着颠沛流离的生活，在社会的最底层挣扎和打拼，最终造就了 21 世纪初叶的一个“神话”故事。

作为母亲，苏吉雅米是倾听和分享孩子心声的第一人，她教给他们许多人生哲理和生活经验。在当时家庭经济十分拮据的情况下，苏吉雅米以简单朴素的思想和团结协作的精神教育她四个孩子。

她教育孩子做人要朴实，不要贪婪，她在传记中说过：“财富只是寄放之物，别以为我们拥有了它就是属于我们自己的了。那些财富只是真主暂时托付给我们的。我不太考虑财富。就让我的孩子们自己去找属于他们自己的财富吧，要是你获得了它，那是你的好运。人能够满足需求了就好，不要太过于贪婪，够用就行。”

她这种简单朴素的思想也深深地烙在她的儿女们身上，他们也都是这么践行母亲的教导的。

每当孩子们遇到问题时，大都是母亲苏吉雅米帮忙处理的。这不是说她丈夫不管事儿，而是丈夫打理外面的生意更多些，也更加繁忙，需要将更多的精力投入到谋生大计上。所以，母亲就成了孩子们倾诉和寻找帮助的对象。

苏吉雅米不是以获取多少财富或者经济利益为目标去教育孩子，而是以其朴素的思想、虔诚的祷告去感化孩子，用深情的关爱和高尚的情操去影响孩子。

她对佐科的成长从小便产生了影响。佐科有什么难题也十分乐意向母亲请教，哪怕是当了市长和省长也不例外。尽管他母亲没有接受过多高深的学校正规教育，但不可否认的是，他的母亲是一位睿智者，是一个对佐科有着深远影响的人，堪称一位既平凡又伟大的母亲。

怀着崇敬的心情，佐科对记者讲述道：“据我所知，我母亲的力量来自她的祷告，她的祷告的确厉害。在这世界上，最让我害怕和尊敬的就是我的母亲了。她是平常人，跟其他母亲没有两样，但她具有非常超前的思想和眼光。”

佐科还说：“母亲恪守原则，在教育我们如何对待学习时，很讲原则。她待人严格，但她教育孩子从来不动鞭子。”

2000 年，苏吉雅米和丈夫诺托 · 米哈尔佐，在佐科和伊莉安娜的陪伴下，完成了伊斯兰教徒需履行的第五条教规，去了麦加朝觐。她的丈夫后来也是在这一年去世的。苏吉雅米是一位虔诚的伊斯兰教徒，恪守伊斯兰教温和与容忍的信念。

对于苏吉雅米的睿智，佐科说：“母亲是一般的人，跟其他的母亲一样。但是，她的思维方式和观点非常先进。那是母亲经常读报，与时俱进的结果。”佐科一边说一边指着堆在一旁的当地出版的报纸。

“那么，是谁订的报纸？”记者问道。

佐科回答说：“母亲自己付钱订的。”

佐科也承认，他母亲的预感很灵。因此，每逢有难以决断的问题，或者要办重大的事情，佐科总会面见母亲，征求她的意见。“那种精神层面的考虑是需要的，这跟预感有关。不能以逻辑的方式去理解。”他说。

他举例说，他经商时要扩大家具的出口量，需要在国外建立自己公司的办事处。他就此事征求过母亲的意见，但他当时还是决定按照自己的考虑去做，没有听从母亲的劝告。结果证明母亲的预感是非常准确的。

“那个时候，我要在迪拜建立办事处。在办此事前，我征求了母亲的意见。母亲说，不必，为什么要舍近求远？然后我说：‘妈妈，就让我先试一试吧。’我是一个很现实的人，说做就做，就去试了。结果是关门大吉。我两次在迪拜开办事处，都以失败告终。”佐科说。

不可否认，伊莉安娜也是佐科成功背后的另一个女人，一个堪称了不起的厉害女性。伊莉安娜作为妻子要照顾家庭、打理佐科的日常琐事，比如制作传统爪哇草药饮料、准备佐科喜爱的食物，以及处理家务。当时伊莉安娜身为梭罗市家庭福利辅导会会长，这些工作都在她组织的各项活动之外抽时间做的。伊莉安娜跟随担任了雅加达特区省长的佐科到了雅加达后，继续担任雅加达家庭福利辅导会会长。

伊莉安娜于1963年10月1日出生在梭罗市。这是佐科最初也将是最后的爱情。她是佐科的同事、顾问和生活侣伴，对佐无比科忠诚。佐科对妻子的勇敢和服从，非常感激。夫妻俩情投意合。佐科还很感激妻子肯放弃城市的生活，到穷乡僻壤的艰苦环境下陪伴他将近两年。

佐科这位巨蟹座男人，真的是全心全意地爱着伊莉安娜，他是真挚的、毫无保留的。他不光将爱人作为生活侣伴，而且将家作为爱情的港湾，他从来不是那种玩玩就算的人。

佐科对他周围的人也很关心，他始终如一地保护着的不光是家人，还有朋友和他所领导的人民。

佐科当上雅加达特区省长后，仍然将他的妻子伊莉安娜当皇后一般对待。同样，伊莉安娜也非常重视丈夫，将他当作国王般看待。作为高官，佐科的生活起居有专人照顾，各种设施也都很完备。但在许多事情上，伊莉安娜仍然亲力亲为，对丈夫关怀备至。

每一天，伊莉安娜都精心为佐科维备好吃的喝的，尤其是十多年如一日，精心调配爪哇传统的保健饮料，那是由一些草药熬制的液体饮料，再加上蜜糖，以保证佐科能够每天都有旺盛的精力。同时她也照顾孩子们的日常生活，这个生活简朴的省长夫人，甚至还亲自动手清洁家里的卫生。

伊莉安娜跟其他很喜欢抛头露面、跟丈夫外出的夫人不同。她充分信任自己外出工作的丈夫。她更喜欢待在家里，做些更有意义的工作。所以，当佐科穿街过巷，体察了解民情时，人们经常看到的是他一个人。

偶尔，佐科也会邀妻子伊莉安娜一起看看电影，一起骑自行车进行户外运动。共同做这些事情能够让他们的家庭生活更加和谐、美满。

三　儿子经商　不跑关系

佐科的长子名叫吉卜兰·拉卡布明，1988 年出生，毕业于新加坡一所大学的国际市场营销专业。2012 年佐科参加雅加达特区省长的竞选时，吉卜兰接受记者的采访时说，他更愿意父亲是一个商人而不是一个国家的官员，他更希望父亲回归家具业。“实话说，我的感觉一般般，其实我真不希望父亲再当官。我倒希望父亲再当回木工。”吉卜兰如是说。

吉卜兰之所以愿意佐科做商人而不是当国家的官员，是因为当官的风险更大。作为官员，有人支持，也有一些不同道、不支持的人，他们会憎恨佐科的。当然，他也没有太多的反对意见，因为他父亲被印尼民主斗争党和大印度尼西亚运动党选为雅加达特区省长的候选人去参加选举，而他父亲答应了此事。

在佐科决定参加梭罗市第二任市长选举时，吉卜兰也同样表示过，他向来不高兴父亲参加梭罗市市长的选举，不管是第一任还是第二任都是这个态度。“但决定权掌握在父亲的手中。作为儿子，我只能提醒他，或者是为他祈祷！”

吉卜兰大学毕业后并没有按照父亲给他设计好的路走下去，而是选择自己创业。他进入的第一个行业是餐饮业，而他并没有得到父亲的支持。父母亲不支持，吉卜兰就设法向银行借贷作为经营的资本。吉卜兰公司的名称叫致力帕里公司，地点设在梭罗市。

佐科故意对儿子办公司的事情不作声，让他自己去闯。专门处理梭罗市准字批文的托托·阿曼托说，佐科在他儿子经商的问题上，的的确确没有走任何的关系。当佐科的儿子去办准字批文时，佐科就对托托交代过："托托，让他自己办，你不得帮助他。"果然，人们都不知道谁是吉卜兰，银行的人也不知道他就是市长的儿子，结果还真是没有同意贷款给他。

佐科认为，他儿子现在的经营十分成功。"很好，的确不错。"佐科对记者说。然而，佐科心里还是感到遗憾，因为他自己创立的家具公司，就是以其长子的名字命名的，叫作"拉卡布有限公司"，取吉卜兰·拉卡布明名字中的一部分而成。儿子却不愿意继承父亲开创的事业。"大学时学的是国际市场营销专业，却去搞什么餐饮。本来我是希望他继承家具行业的。"佐科无奈地说笑道。

佐科唯一的女儿卡喜洋·阿育，在梭罗市国立311大学就读，2013年毕业；小儿子还在新加坡上学。他们都像佐科一样，低调做人做事，不爱抛头露面，因此，没有太多的信息对外界披露。

第四章　投入商界

由于出身平民，平时的家庭生活比较拮据，作为长子的佐科，心中始终有一种使命感，就是必须不断进取，努力改变家庭贫穷的命运。既没有政治世家作为靠山，也没有军人背景的家庭作为支撑，青年的佐科唯一可以选择的道路，就是投入商界。因为他从父辈的经历发现，经商可以获利，可以逐步改变家庭贫穷的命运。虽然这条路并非坦途，但佐科凭着爪哇人的智慧和勤奋，一步接一步地向着既定的目标靠近。

一　竹木为伴　学以致用

佐科曾说过："我自小就知道我靠木材和竹子生活。"[1] 小时候，佐科不太宽敞的家里到处堆满木材和竹子，爷爷和父亲就拿这些木材和竹子做成的简单家具到街边去卖。有的时候，佐科会看见他们被城管追赶，当时佐科还以为父辈们拿的竹木家具可能是偷来的。

佐科说：“父辈们通过贩卖木材养活我们，他们也通过木材激发我们的精神，我对未来美好的憧憬也与木材有关。木材造就了我们的生活，同时也让我们拥有了生活的希望。”[2] 他从小就有个梦想，就是成为一个家具商，改变家庭的命运。

每天放学回来，佐科都要帮父亲做点事，包括锯木、刨木、镶木等。12 岁那年，他开始学习锯木，刚开始，因为锯木，手还被锯子划伤过，但佐科并不后悔，他很高兴自己学会了锯木。

随着时间的推移，佐科慢慢喜欢上了木材，总想用木材做点小家具，以体现自己的成就感。在填报大学志愿时，佐科毅然决然地选择了日惹卡查玛达大学的林业系，尝试学习木材结构及制作方面的知识，为日后继承家族生意打下基础。

在上大学期间，他不断钻研林业技术与科技知识，成绩名列前茅。他的本科毕业论文为“梭罗市胶合板最终用户消费模式研究”[3]，体现了他对家具销售的兴趣。从小就跟随父亲接触木匠技艺的他，把小时候学的技艺与大学的专业知识相结合，比一般人更加了解和精通家具制造的方方面面。这也为他以后投入商界，从事家具生意打下了良好的基础。

二　背井离乡　森林工作

在 20 世纪 80 年代，一个刚毕业的大学生能进入国企工作，是一件很幸运的事情，特别是对那些没有任何家庭背景的大学毕业生来说，尤其如此。在佐科毕业那年，林业系的毕业生都在议论一家名叫“亚齐国营造纸公司”的企业。这家公司实力雄厚，经济效益不错，对员工待遇也不错，最重要的是这家公司能让大学生学以致用，实现人生理想。

本来佐科准备大学毕业后，与女朋友伊莉安娜在家乡梭罗发展。但在梭罗一时没找到合适的工作，佐科尝试给亚齐国营造纸公司投了份简历，没想到，公司很快回信，并决定录取他。

人生第一份正式工作给佐科增添了不少惊喜，同时他也有一些担忧。一方面公司在亚齐，离家乡梭罗很遥远，来回不方便；另一方面，他也担心女朋友伊莉安娜是否同意，毕竟他们已经准备不久后结婚。

佐科忙把他的想法与女朋友伊莉安娜沟通了一下。伊莉安娜表示非常理解，坚决支持佐科到亚齐工作。这让佐科很受感动。就这样，佐科踏上了奔赴亚齐国企工作的征途。

亚齐，被称为“麦加的走廊”。由于它的地理位置优越、自然资源丰富，曾使西方殖民者垂涎三尺，荷兰人与亚齐人曾打了40年仗，也没有完全征服亚齐。1976年，在亚齐诞生了武装组织——自由亚齐运动，以暴力方式争取独立。亚齐国营造纸公司就地处中亚齐，也是自由亚齐运动活动之地，因此佐科在此工作具有一定的危险性。

但佐科十分相信公司的实力，他没有感到丝毫的胆怯与害怕。他相信，这么大的国企，一定会给他充分的安全保障。

亚齐的工作环境，对佐科来说是全新的。这里全部被树木包围着，进入眼中的只有木材和一片片的树林，而耳旁的声音，只有时近时远的鸟语，唯一能让人感受到人气儿的地方就是这里砍伐树木和锯木的噪声。 佐科每天看着伐木工人运输，过着简单的森林工人的生活。 虽然这里到处是绿叶葱葱，还有飞禽走兽，可对于工作中的佐科来说，陪伴他的更多的是艰辛和寂寞。这里所需要的不只是生理上的适应，更多的是心理上的调整，被领导骂来骂去，也是家常便饭。

在亚齐的森林里工作几个月之后，佐科就请假回梭罗，与他的爱人伊莉安娜办了终身大事。 1986 年，佐科带着他的爱人回到了亚齐工作，当时带着爱人的佐科并不容易，可以想象一个男人在森林生活都很困难，更何况还有一个弱女子要照顾。 对于女人来说，真不容易适应这种环境。 他们居住的是一种栏杆式的房子，地处大森林的深处。 房子呈长条形，分成面积不大的很多个房间，工作人员及其家属就被安置在其中。 在梭罗，尽管佐科的居所也很简陋，但比林海中的孤独一室强得太多了。

深夜里，经常能听到上百头野猪围着他们住的高脚屋嚎叫。伊莉安娜只能用枕头捂住耳朵，避开这种恐怖的声音。 每当凌晨来临时，野猪才散去，而这时工人们要起床工作了。

佐科不得已强迫自己在这里生活，毕竟这是自己当初的选择，也与他所学的专业相关。 他拼命地工作，想把工作尽力做好。 他每天准备好足够多已经砍伐的树木，认真地检查每一块木材，最后再将准备好的木材运回工厂以便进行深加工。 在工作中，工人与工人之间大都缺乏交流，彼此之间一言不发，就是这种沉闷的工作气氛，让佐科产生了离开这里的念头。 当然佐科在亚齐造纸公司工作的这段经历，也让他有不少的收获。 比如如何在森林里开辟运输道路，公司如何进行人事管理、如何处理订单等，这些都为他以后创业打下了良好的基础。

佐科每天拼命地工作，打算在自己有了一定的积蓄和工作经验后就搬到城市里生活。可是没等到那个时候，更加让人无法忍受的事情接二连三地出现。公司的企业文化使他难以忍受。公司上司命令下属的方式十分粗暴，他们经常非常武断地呵斥下属。佐科的工作效率很高，也非常勤奋地工作，但他们不但没有肯定佐科的表现，还不断增加他的心理负担。这样的工作环境，绝对不是佐科想要的。后来，在征求母亲的意见后，佐科在亚齐国营造纸公司工作两年后，回到了梭罗。

三 舅舅栽培 嗅到商机

从亚齐回来后，佐科在家乡梭罗寻找新的工作。他再也不想在经营木材或纸浆的公司工作。佐科拥有艺术细胞，喜欢画画，希望能够自己加工木料，然后运用艺术的理念设计，让其变为家具产品。

在亚齐国有企业工作的经历，让佐科受够了那些整天被吆喝和训斥的日子。他很想开自己的公司，但是他在亚齐的工资积蓄不足以让其开办自己的公司。他处在彷徨之中。

当时，幸亏他的舅舅有一个名叫“柚木轮子”的家具公司。这家公司生产各种木材加工产品，从家具、木地板到各种家具辅料及建筑材料。当了解到佐科的愿望后，舅舅马上就接纳了他，这对佐科来说是一个巨大的机会。

舅舅有意锻炼佐科，开始并没有把他放在舒服的职位上，而是让佐科熟悉各个工种的环节和流程。佐科从锯木、刨木、漆木到把成品家具运送到货柜卡车上等都干过。他十分享受这些过程，并且充满激情。特别是对于他自己设计的家具产品十分上心，工作起来仿佛进入到一种忘我的境界。

在舅舅公司工作时，佐科发现舅舅对工作一丝不苟。舅舅与客户之间不仅保持良好的商业关系，还保持着一种家庭式的和睦关系。舅舅曾告诫佐科，做生意并不仅仅是为了自己一个人的成功，而且是让自己的员工不至于失业，能够挣钱养家。这些对佐科的人生观产生了重要的影响。

在舅舅的公司里，佐科不仅学会了做人的道理，而且学会了制作家具、销售家具和处理人事关系，这为他日后创办自己的公司奠定了坚实的基础。

1989 年初，佐科明显感觉到世界家具市场一片大好，特别是他的一些家具商朋友预测，20 世纪 90 年代将是家具贸易的黄金时代。这种光明的商业前景不断在佐科的脑海里浮现，似乎在敦促佐科尽快独立创业。

但 1989 年，佐科的第一个孩子吉卜兰·拉卡布明刚刚出生，积蓄花得差不多了，开公司的资金从哪里来呢？关键时刻，妻子伊莉安娜 100% 地支持他，这给了佐科很强的信心。

四　白手起家　艰难生存

1989 年，在梭罗市的塞吉普地区，佐科终于开办了自己的小家具公司，取名“拉卡布有限公司”。拉卡布是佐科第一个孩子的名字的一部分，他希望这个家具公司能够永久存在。

刚开始，公司雇了 3 个工人，佐科也跟他们一起从事锯木、制作、漆木、镶金和搬运等工作。

由于没有资金，佐科的父亲把简陋的住房抵押给银行，贷到了3000万盾（约合15000美元）。他的父亲把这笔贷款平均分成两份，一份是给自己做小买卖的资金，另一份给儿子前途未明的公司用。

佐科的父亲把钱交给佐科时说：“这些，拿去好好用。这些钱是我们家的房屋抵押贷的。你要尽可能把你的生意做起来，并且要做成功。”[4]父亲深情地望着佐科说道。

佐科觉得父亲是仁慈的，但父亲似乎对他开办公司不太放心，可能只是把“宝”押在儿子的勇气和胆量上。

对于做生意的风险，佐科明确地告知了妻子伊莉安娜。他说，做生意的收入可能不稳定，有时赚钱，有时可能亏钱。妻子伊莉安娜明确表示，无论佐科做出什么决定，她都时刻为佐科祈祷，祝他成功。有了妻子的精神支持，虽然佐科肩上有偿还父亲债务的压力，但心情是轻松的。

为了使自己的家具产品具有竞争力，佐科尽量用最便宜的成本设计出含金量高的家具，这些都是从舅舅公司学来的本领。佐科从椅子、饭桌和柜子等做起。他和工人们拼命干活。有时佐科穿短裤和背心干活，甚至直接穿纱笼做家具，这样干活比较方便、快捷。在工厂没有做完的家具，有时佐科会拿回家里做，结果家里到处是锯木灰，有时，伊莉安娜的头发也沾满了锯木灰，闹了不少笑话。

做完家具后，佐科还得骑着摩托车到处兜售他的家具。在那些正在新建房屋的工地上，佐科直接问主人是否需要家具。

这样的销售，一次两次被拒绝，但去多了，也得到一些很小的订单，即便如此，佐科也感到很开心。

通过交流和到各处销售，佐科渐渐感觉到，这样的他销售方式不一定能取得很好的效果，必须先了解市场的需求。经过几个月调整后，公司的订单增多了，佐科开始增加人手，他做的家具逐渐销售到了整个梭罗市。

后来，佐科开始开拓梭罗以外的市场。雅加达是一个巨大的市场，但那里的客户比较挑剔，对家具质量的要求也比较苛刻。雅加达巨大的市场吸引着急于开拓新市场的佐科。于是，佐科开始接受来自雅加达的一些订单。

1990 年，佐科接到一个来自雅加达的大订单，订的是门框和地板，价值 6000 万盾（当时的价格约合 3 万美元）。他夜以继日地工作，很快把货品寄到了雅加达。而那个雅加达家具订货商接到家具后，没有付款，很快就销声匿迹了。结果，父亲借给佐科的钱全“打水漂”了，公司后续运作的资金也没有了。这对佐科无疑是一个沉重的打击。家具小工厂一下子瘫痪了好几个月，经济状况一团糟。

后来佐科回忆道：“那次几乎玩完。被骗的金额委实太多了，比如说，我的资本是 10 的话，被骗的竟然达到 30，是我本钱的三倍。”

但天无绝人之路，佐科的几个老客户开始主动联系他，给他一些订单。佐科对他们说，因为没有资金，需要他们先交订金再购买原材料。这些老客户非常理解，纷纷交了订金，这样佐科的家具工厂才逐渐恢复生产，慢慢焕发出活力。

五　小微企业　获得扶助

20 世纪 90 年代，印尼政府推行“义父义子扶助创业”计划，该计划鼓励大企业给有潜力的小微企业提供银行贷款担保或直接贷款给小微企业，大企业被称为“义父”，而小微企业被称为“义子”，它们之间通过诚信建立起关系。佐科当时对这个计划十分感兴趣，他希望他的企业能够作为“义子”得到某个大企业“义父”的扶助。

在中介公司对梭罗市有潜力的小微企业做完摸底调查后，佐科的公司有幸被选为国家天然气公用事业公司的“义子”，这样国家天然气公用事业公司作为“义父”负责解决“义子”佐科公司的资金筹措难题。

听到这个消息，佐科十分兴奋。佐科连续几个晚上加班加点地撰写“项目计划书”。在该计划书里，佐科详细地介绍了他的专业背景、家具产品制造工程和顾客的满意度，以及经商被骗的经历。此外，佐科还查阅了国内家具大企业出口国际市场的资料。做完“项目计划书”后，他相信，如果有足够的资金，他的公司生产的家具也能出口创汇。

“项目计划书”准备好之后，佐科直接来到国家天然气公用事业公司领导的办公室。他开门见山地说：“领导，我想做生意，请您借给我 6 亿盾资金。用这些钱，我可以更加积极主动地去做生意，并在两年后把家具出口到国外。”[5]

公司领导听了佐科的话，刚开始有点吃惊，他说：“啊，这么多钱，佐科。我们只能借给你要的 1/4 的资金。”

佐科看着公司领导，坚定地说：“领导，如果您不能借给我6亿盾，那就算了吧，我不必借啦，我还是到别的企业家那里借吧。”

公司领导皱了皱眉头，说道：“哎，佐科，千万别那样，你不是只要1/4的资金就可以启动你的生意吗？”

佐科立即回答道：“可以是可以，领导，那只能给公司的生意做碗‘粥’罢了，离给公司的生意做碗‘米饭’还差着远呢？”

听了他的话，公司领导陷入了沉思。思索了一会儿，公司领导点了点头，说：“好吧，既然这样，我们争取借给你5亿盾好了。”

佐科立刻表示赞同。

最后，在签署完各种文件、履行完各种程序后，国家天然气公用事业公司给佐科公司出具了银行担保函，佐科的公司很快就拿到了5亿盾（按当时的汇率约合25万美元）的贷款，要知道，在当时，那是一笔不小的钱。

有了这笔资金，佐科的公司开始扩张，首先增加了10多个员工，一些梭罗及周边的老客户也开始大力支持他，订单也随之增加。从那时起，佐科逮准一切机会，出国参加各种家具展。通过参加展览，佐科学会了如何与外国客户打交道，也学会了如何布置展台来吸引客户。

1991年，佐科在新加坡参加展览，3个月后就得到1个货柜的订单。不久之后，又接到了18个货柜的订单。这对佐科来说，是一笔大生意，但对方要求在一个月内完成。佐科那时已经意识到，在生活中，勇气和能力是决定生活是否进步的重要因素。佐科大胆决定新招聘100多号工人，在梭罗几个地方同时新建家具加工厂。佐科开始不分昼夜地赶工，有时干脆不回家，直接睡在加工厂里，与那些家具、木材为伴。最后，功夫不负有心人，佐科的公司终于完成了18个货柜的订单。

有一天，一位中国台湾的商人直接跑到佐科的公司，订购家具配件。虽然家具配件的制作和运输比较烦琐，但一旦对方认可，其订单量也是很大的。有的时候，国外客户会下奇形怪状家具的订单，佐科也要硬着头皮去接。

由于严把家具质量关和严守交货时间，佐科的公司在国外市场的买家那里赢得了良好的“口碑”。1994年，欧洲市场的家具生意出现“井喷”，佐科信心满满准备大干一场。由于订单太多，佐科睡在工厂是常有的事情。

那时候，佐科公司的员工达到1000多人，分布在不同的家具工厂。有时，佐科的公司忙不过来时，他就把部分订单交给一些小家具工厂代加工。从小父亲就曾教育他，一个良好和健康的生意就像阳光和水渠一样，要让周围做小生意的人受益，佐科正是按照父亲的教导去做的。

家具生意成功以后，佐科积累了一批资金，开始改善家庭居住环境。在此之前，佐科一家都是租房生活。利用生意赚来的钱，佐科开始建设自己的房屋，彻底同租房时代告别。这对佐科一家来说，是一件多么幸福的事情呀。想起小时候，住在河边的破旧房子，被迫搬来搬去的日子，佐科内心对现在的生活充满庆幸和感恩。

随着时间的推移，佐科公司的生意开始稳步提升。梭罗及附近城市的订单不断增加，出口生意也十分平稳。特别是1997年印尼金融危机中，印尼盾贬值70%，但由于佐科公司大多数是出口生意，结汇为美元，佐科公司的资产反而有了一个大的增值。

六　家具分会　当选会长

从一个白手起家的“木匠”，变成千万身家的家具商人，佐科感觉到自己是幸运的。每当行走在梭罗的大街上，看到许多小微企业家具商或手工业者的辛劳与困境，佐科内心总感觉想帮他们做点事情。

2002年7月11日，在梭罗市品质酒店，佐科和一群家具商成立了印尼家具协会梭罗分会。来自全梭罗市的家具商和手工业者140人参加了成立大会，佐科被选为分会会长。

分会成立之后，经常举办各种家具产品制作和销售的培训会，并且就参加印尼国内外各种家具展开展辅导与培训工作。许多小微家具商和手工业者都十分积极地参加这样的活动。他们在培训会上相互切磋经验，相互碰撞创业的火花，协会一下子人气高涨，吸引了不少家具商和手工业者来参加。

佐科为了做好协会工作，花了不少心思和精力。在某种程度上，协会成了他的第二个家。每当忙完自己公司的事情后，他就直接奔赴协会处理各种事务。比如家具商或手工业者在贷款、准证等问题上陷入困境时，佐科都主动帮助他们解决。

由于佐科的积极工作，世界有名的家具商协会与他们搭上了线，并开展了合作，特别是这些世界顶级家具商协会时常给他们提一些产品技术上的建议，这大大刺激了梭罗家具的出口。

佐科十分享受协会会长的工作，协会会员不断增加。会员中不仅有木材家具商，还有铁皮家具商、藤制品家具商和手工制品家具商，会员超过了 200 人。

由于佐科在印尼家具协会梭罗分会卓越的领导才能，当地的政治家开始注意到佐科这个人。佐科自认为他是一个商人，在人生的字典里没有“政治”二字，但有时命运会作弄人，要求佐科参选梭罗市市长的呼声开始日渐清晰起来。

七　创业感悟　六大秘诀

佐科在总结自己经商的曲折经历时说：“所有经商行为来源于勇气、决心和信心，穷人不应该总是被边缘化。只要有好的想法，选择了正确的道路，坚持下去，好运早晚会降临到你的头上。”[6]

2012 年，佐科在成功当选为雅加达特区省长后，经常与年轻人分享他个人的创业经验和感受。有一次，在一个 3000 人的创业座谈会上，佐科与参会者分享其创业的秘诀。

佐科认为，创业的成功不是瞬间得来的，而是要经历一段过程，需要顽强的毅力，最后还要有不妥协和经得起考验的创业精神。

“许多人说要创业必须先要有资金，但是我并不认同，最重要的是先有决心，不要害怕。”[7]

“既然是开创，当初必然有阻力，从没有多少资金到周围不中听的风言风语。我也曾挨门挨户销售长达 5 年，当时的确十分辛苦，但是我必须鼓足勇气、充满信心，所以我要通宵工作。”他说，超时工作是为了获得补充资金。“如果要成为成功的企业家，对所做的事必须专一和勤奋。我一无所有，没有资金，就多花时间在工作上。”[8]

佐科当场给在座的 3000 名年轻创业者，送出了创业六大秘诀：[9]

第一，产品创新。产品永远要创新，不论是模型还是外观，要不断地创新。

第二，抓住机会。要看准和利用一切机会，不要失去机会，出售的任何产品，必须抓住机会和不要错过机会。

第三，拼命工作。要充满活力和顽强。必须坚强、苦干，要从早到晚，夜以继日，如果不是那样，休想成功。

第四，坚定不移。这就像开始创业一样困难，表现为经营有关业务的耐力。

第五，敢冒风险。争取成功的机遇和争取更大成功的机遇。

第六，合作精神。必须能够与同事和顾客进行合作。

佐科的商界之路充满崎岖。经过 20 多年的打拼，佐科终于成功地建立起了自己的商业网络，并获得了稳定的收入来源。佐科在商界的成功，源于他的专注、勤奋与果断。当然，这还与他善于适应环境，及时做出调整有关。其实，也许佐科本人都没有意识到，他那一套经商的套路，已经潜移默化地渗透在其执政风格上。

第五章　从政梭罗

梭罗市（Surakarta 或 Solo）以一首美妙悠扬、广为传唱的印尼民歌《美丽的梭罗河》为全世界人民所知。这座拥有 52 万人口的城市很早以前就已成为全印尼的政治风向标和文化中心：印尼第一座博物馆于 1890 年 10 月 28 日在梭罗建成；印尼第一个民族主义组织伊斯兰商人联合会于 1905 年在梭罗成立；1933 年 4 月 1 日，印尼第一个电台（Solosche Radio Vereeniging）在这里开始广播；1946 年 2 月 9 日，这座城市又见证了印尼记者联合会（Persatuan Wartawan Indonesia）的诞生。作为爪哇最后一个独立王国马达兰王国的核心地区之一，梭罗不仅至今保留了王室，而且继承了这个古老王国优雅的宫廷文化，成为加美兰音乐、哇扬皮影戏、爪哇舞蹈等瑰丽神秘的爪哇艺术的故乡。

梭罗代表着爪哇文化的精髓。“和谐相处，共同繁荣”

（Rukun agawe sentosa）是梭罗人生活的原则。土生土长的梭罗人佐科也继承了这种和谐共处的爪哇精神，他在执政和生活中一直奉行这条原则。同时，从商20多年的经历又赋予佐科不同于其他印尼政客的国际化视野和雷厉风行、崇尚效率的工作风格。这两种特质在佐科身上得到了完美融合，使他在任梭罗市市长的七年中既有效地推动了改革，重塑了这座古老城市的风貌，又深得市民的爱戴。

一　初入政坛　异军突起

佐科的政治生涯始于中爪哇省梭罗市别欧善区（Brengosan）的斗争民主党支部办公室，在这里，佐科成为梭罗市市长候选人。佐科首先在2004年认识了斗争民主党梭罗支部领导委员会主席哈迪·鲁迪亚特莫（Hadi Rudyatmo，以下称鲁迪），随后在2005年他们两个人一同参加了梭罗市市长竞选。

当时佐科还是个不为人知的家具商人。他个子高又瘦削：身高一米七五，体重只有53公斤，气质一点也不像个市长。他的从政经历为零，在上学期间连学生社团都没有参加过，只担任过印尼家具协会梭罗分会会长。很多人并不看好他，包括斗争民主党主席梅加瓦蒂也在犹豫。梅加瓦蒂第一次见过佐科之后问鲁迪：“这人能赢么？他怎么这么瘦？市长那么瘦，你会选他么？”[1]印尼人认为中年男人微胖是繁荣富裕的标志，而佐科干瘦的样子就像个普通的爪哇农民，无怪乎梅加瓦蒂问出这样的问题。鲁迪后来解释说：“觉得犹豫很正常。有这样感觉的人不只梅加瓦蒂夫人一个人，梭罗本地的社会人士也这么觉得。”[2] 斗争民主党高层一直不太看好这对候选人，甚至在最重要的竞选宣传阶段，本来答应来梭罗助阵的梅加瓦蒂最后也没有如期到来。但是斗争民主党高层和梅加瓦蒂的疑虑并没有打消鲁迪和斗争民主党梭罗支部对佐科的信心。

参加 2005 年竞选的其他候选人全比佐科出名：有社会活动家、娱乐界知名人士，更有前任市长。其他三对候选人分别是获得民心党支持的艾赫玛德·布尔诺莫（Achmad Purnomo）和伊斯塔尔·优利亚迪（Istar Yuliadi），获得民主党和专业集团党支持的哈尔多诺（Hardono）和蒂博古苏莫（Dipokusumo），以及寻求连任的前市长斯拉眉·苏尔延托（Slamet Suryanto）和亨奇·纳尔托·萨布多（Henky Narto Sabdo）——他们获得了 14 个小党派的联合支持。

在选举宣传活动中，其他候选人都采用传统的张贴大海报或拉横幅、打广告的办法，只有佐科使用了别出心裁的宣传手段，那就是亲自到选民家中串门。他和鲁迪每天不辞劳苦地一家一家地拜访，和居民聊天，了解他们的想法。在这个过程中，佐科获胜的信心也更足了。佐科和鲁迪亮出的“卖点”是亲民和实干。他们承诺如果当选，将重点改善医疗、教育和城市秩序。

2005 年 6 月 27 日，梭罗民众陆陆续续来到投票点投票。当天晚上 9 点左右，根据梭罗选举委员会的暂时计票结果，佐科以 37.64% 的选票险胜，比名列第二位的候选人只高出几个百分点。[3]

就这样，家具商佐科成了“佐科维市长”。“佐科维”这个称号是他的法国客户取的。因为当时有许多印尼木材输出商的名字叫佐科，买主分不清这个佐科和那个佐科，所以就称他为“佐科维”，后来他在名片上写的也是“佐科维——梭罗市市长”。

二 赢得信任 高票连任

在佐科的第一个任期里，他实现了竞选时的诺言，重整了城市秩序，改善了教育和医疗条件，整顿了官僚系统。佐科的政绩被梭罗人民看在眼里，记在心上。

2009 年又一届市长选举即将开始，然而佐科心生退意，想退出政坛，重新做他的家具生意。2009 年 6 月，他参加了一个习经院的奠基仪式。虽然不是政治活动，但是在场的参加者提出希望佐科连任市长。听到他们的呼声，佐科上台对大家说：“应该让其他有能力的梭罗人有机会治理梭罗。在这个城市里，还有许多人比我更有能力。我也就是个木匠。发生水灾的时候，我都不知道该怎么办。如果说我做成了一些利民的项目，那也不过是用老百姓的钱服务老百姓。我仅仅是个执行者。”[4]

但是梭罗的百姓可不想让这位难得的好市长离开。梭罗的各类群众团体轮番举办支持佐科的活动，知名社交网站——脸谱（Facebook）也建立了鼓励佐科连任的公共页面。佐科坦言：“其实我不想继续，想当回木匠本行。当时，每天都有各个团体的民众成群结队地来鼓励我追求连任，他们说这是人民的声音。我心里打鼓，想到底是真的还是政治操作。我休假了两个星期，想到这个就心烦。后来试试看做了个调查，结果有 87% 的民众支持我。我不相信，再调查，还是 87%。这样看来还真是民众的呼声。”[5]于是他终于打定主意。2010 年 1 月，佐科宣布将参加第二次竞选。

第二次竞选市长，佐科还是和老搭档鲁迪一起参加。这在印尼是非常少见的。一般而言，市长和副市长一起工作五年，总会有些磕磕碰碰，但是佐科和鲁迪这对搭档一直保持良好的沟通和合作。这一次竞选，他们获得了斗争民主党、繁荣公正党和民心党的支持。而另一对候选人苏普拉蒂（Supradi）和戈尔塔美纳威（Kertamenawi）受到民主党和专业集团党的支持。

这一次竞选宣传比第一次容易太多了。五年的工作成果就是最好的宣传。2010 年 4 月，71.80% 的梭罗民众参加了市长选举投票。佐科和鲁迪最终获得 248243 张选票，以 90.09% 的超高得票率赢得了选举。[6]全市 931 个投票点，佐科—鲁迪只失掉了一个投票点。[7]2010 年 7 月 28 日，佐科和鲁迪再一次成为梭罗市市长和副市长。

三 六大政绩 辉煌梭罗

佐科在任期内做了六件大事：重振传统市场、振兴梭罗经济、整顿官僚系统、服务普通百姓、建设美丽梭罗、复兴文化梭罗。

（一）重振传统市场

刚刚当上市长佐科就组织了一个小组去和老百姓聊天，问他们最希望看到梭罗有什么变化。结果令他大吃一惊，人们竟然希望市长整顿流动商贩。这在印尼几乎是一件不可能完成的任务。在其他城市，要转移小商小贩不仅需要出动全副武装的警察，还要提前准备好应对商贩的暴力相向。如果有人不小心受伤，媒体就会一拥而上指责政府和警察暴力执法。在小商小贩面前，政府完全是个束手无策的弱者。更不要说梭罗的前三任市长已经在这块硬骨头前知难而退了。

可是佐科知道，只有攻克了这个最难的任务，才能在政府和社会中树立起权威，他的城市改造计划才有可能顺利推进。他的第一个目标是从班加萨瑞（Banjarsari）把1000余个小商贩迁走。班加萨瑞是梭罗的繁华地段。火车站、汽车终点站、芒古那嘉兰宫（Istana Mangkunagaran）以及许多星级宾馆都在这个区里。佐科的计划是在其他地方另建一座市场安置小商贩，并帮助他们宣传和搬迁。做计划倒是不难，但是该怎么执行呢?

佐科就生在梭罗这个城市，这里的市民就像他的手足一样。要让他出动警察，硬把小贩迁到新市场，那是万万不能让他接受的。经过几天的冥思苦想，有着商人头脑和爪哇人温和敦厚性格的佐科选择了一条和其他市长、县长完全不同的道路。佐科从来没有认为小商贩是他工作中的敌人，而是将他们看作建设城市的伙伴。要请伙伴帮忙自然要坐下来好好谈，于是他就真这么做了。

佐科想的主意是请小商贩来他的市长官邸吃午饭，但是来者的阵势把他吓了一跳。“头一次我请他们，他们全部带着示威旗帜，如果强行搬迁，他们说将战斗到最后一滴血，他们准备好了削尖的竹竿，还有人放言要火烧市政所。”[8]佐科说。这可不是危言耸听，梭罗的市政厅曾经两次被烧毁。第一次是1998年，第二次是1999年。小贩们还带了非政府组织的人一起赴宴。佐科一见这阵势，立即转变了策略，闭口不提整顿的事，只是和客人们闲聊、谈天。小贩们一头雾水。

三天之后，他们又被佐科请去吃饭，还是闲聊话家常。就这样，佐科和小贩们渐渐熟悉起来，双方也变成了朋友。直到第30次吃饭，谈话才开始切入正题。佐科问他们需要什么、要求什么、忧虑什么，小贩们毫无保留地说了出来。7个月后，直到第54次会面，所有需要被重新安置的小贩都到场了，佐科还是用平时聊天的口气对所有人说："尊敬的各位，我要先向大家道歉，因为我想让大家搬出现在做生意的地方。"[9]大家一边用餐，一边听佐科说他的想法。佐科也没有摆出官腔，只是聊天似的把想法说了出来。结果出人意料，竟然没有一个商贩表示反对。

商贩们只有一个要求，就是搬迁后顾客不能减少。佐科朴实地说，不能保证顾客不减少，但是一定会帮助他们招揽顾客。佐科早已经在三公里外的科里提甘（Klitikan）建造了新的市场。在搬迁前，政府将通往新市场的道路拓宽修缮，并开通了三条到达新市场的公交线路。搬迁前的四个月里，政府在地方电视台和报纸上投放广告宣传新市场，并在市内各处悬挂广告。搬迁之前，佐科带领商贩们到新建的市场参观。佐科还想出了一个增加客人的妙招——向市民发放免费券和折扣券，吸引他们到新市场消费。购物券的成本由地方政府的税费收入承担。

可是商贩们还在为新摊位的租赁费发愁。他们希望政府能免收摊位租赁费。地方议会认为建新的市场、帮小商贩搬迁已经花费了太多的预算，因此没同意商贩的这个要求。佐科深知这些每天只有几万盾收入的小商贩的难处，如果商贩们因为交不起摊位费而没办法转移到新市场，那之前的所有努力就白费了。为此他想出了一个折中的办法，商贩不用缴纳租用新摊位的费用，他们只需每天支付 2600 印尼盾（按当时汇率相当于人民币 2 元）的管理费。佐科估计，在未来八年半内，只靠收取这点微不足道的管理费，政府支付的 98 亿印尼盾就能收回成本。

2006 年 7 月搬迁那天，佐科为 989 名商贩准备了 45 辆大卡车，并花费两天时间从头到尾一直跟随。佐科还请来了乐队演奏梭罗的传统音乐。皇宫仪仗队也整装参加了这次大搬迁。一些商贩穿上了传统的梭罗服装，各自带着预示着繁荣的锥体饭，仿佛这是一场庆典。

班加萨瑞路摊小贩迁移成功，就不难说服其他地方的路摊小贩了——通常只需要三次至七次会谈就解决了。仅在上任的第一年，佐科就顺利重新安置了 989 个摊贩。后来佐科迁移了 23 处路摊，完全没有出现问题。佐科在任市长期间一共修复了 34 个市场，在 7 个地方建设了新市场。

商贩们对佐科的安置非常满意。从前他们没有固定摊位，遭受风吹日晒雨淋，还经常被恶势力敲诈，而现在他们的摊位有墙壁和滑动门，市场有人监管，不会再被敲诈。生意也比以前好做很多。

这些传统市场为梭罗市贡献了庞大的财政收入。2010 年梭罗地方财政收入为 1460 亿盾，小商贩贡献的财政收入最多，达到 192 亿盾，相比之下宾馆仅 100 亿盾，广告 60 亿盾，停车场

18 亿盾，餐馆 50 亿盾。而这 192 亿盾仅仅来自每日每家收取 2600 盾的管理费。事实证明，由于商贩数量众多，只要管理得好，兴建传统市场是不亏本的，政府在为商贩服务的同时还有大笔收入进账。[10]

谈到成功的经验时，佐科说，耐心和尊重是最重要的。“人们说因为我请他们吃饭，所以他们听我的话。其实不是这样的，事实是因为他们觉得受到了尊重。”[11] 佐科甚至因为这一巨大成功而被颁发印尼记录博物馆（MURI）证书。

佐科的这一项工作完成得极漂亮，深得市民赞赏。老百姓甚至已经把他当成真正的朋友看待了。在其他城市，一般而言，如果请市长参加开幕剪彩必须得是大事情，譬如为大超市开业剪彩。但是在梭罗，连保安亭和巡逻站也会请佐科剪彩。民众有要求，佐科就会尽量满足，因为他不好意思拒绝。有时他也觉得好笑，但是乐在其中。

（二）振兴梭罗经济

佐科的偶像是印尼第一任总统苏加诺。他非常认同苏加诺的“特里萨蒂”（Trisakti）思想，即政治上主权独立、经济上自给自足、文化上有民族特性。佐科看到印尼庞大的市场被外来产品占据，印尼人在自己的国家反而变成了客人，对此他感到十分遗憾。佐科希望实现苏加诺提出的经济上的自给自足。他想尽一切办法帮助本地企业创新和发展，保护本地的产业不被外来资本吞没。“本地商贩是巨大的财富。事实已经证明，当印尼发生金融危机时，这些小商人才是最能撑的。必须给他们提供市场、摊位等设施。”佐科说。[12]

为了保护本地的小商贩，佐科限制在梭罗新建大型购物中心。他在任期间收到了12个建购物中心的申请，但是只批准了一个。甚至连遍布印尼全国的连锁迷你小超市数量也被严格限制：在130个小超市申建方案中只通过了12个。[13]但是他接受了建设高档公寓的请求。他认为应该为投资者提供他们需要的公共设施和居住环境。

为了梭罗人民的福祉，佐科甚至敢于违抗省长的意志。梭罗有一家废弃的制冰工厂。中爪哇省省长比比特（Bibit Waluyo）计划将这块地改造成购物广场。佐科感到不妥，他觉得这座建于1888年的老建筑是梭罗的历史财富，应该加以妥善保护和利用。另外，新建大型购物广场也与他保护本地商人的原则相悖。因为在其附近就有一家传统市场，如果建成购物广场，毫无疑问会影响到梭罗本地商人的生计。佐科的计划是重新修缮废弃的工厂，将它变成有梭罗文化情调的精品宾馆。与地方议会和文化遗产保护组织等相关方沟通了想法之后，佐科的计划得到了梭罗各方面的支持。

省长得知佐科的计划后火冒三丈，2011年6月，他毫不客气地说：“梭罗市市长太傻了，连省长制定的政策都敢违抗。我再问一遍，梭罗是哪个省的？谁要建这个购物中心？”[14]第一次听到这样刺耳的话，佐科回忆说：“感觉血都涌到头顶了。但是我尝试着冷静下来。我只是说，可不是，我就是傻，还得多学习。”[15]佐科非但不愠怒，还寻找各种机会与省长沟通。他把这片地的资料、数据、开发计划等全部收集起来送到省长的办公室，希望省长了解梭罗民众的想法。他还通过这件事情得到灵感，为梭罗所有历史建筑建立了档案，以便于维护和管理。

佐科的努力得到了当地社会的支持。当地市民组织印制了许多支持佐科的宣传贴纸和横幅。电动三轮车司机把支持佐科的横幅悬挂在三轮车上，在梭罗形成了流动的请愿队伍。他们认为省长出言不逊侮辱了他们的市长，就等于侮辱了梭罗人民，并要求省长向佐科道歉。市民为了维护市长而违抗省长，这样的事在印尼前所未有。

佐科致力于保护本地社会的经济利益，但是这并不意味着他支持垄断或者排斥投资者。在任期间，他使用“梭罗：爪哇精神”作为宣传梭罗、吸引外资的口号。他简化了政府批准建立公司的手续，不仅激发了梭罗本地企业家的创业精神，还吸引了不少外来资本。曾经有投资者到佐科的办公室谈投资计划，佐科非常赞成。投资者问他需要等多少天才能拿到投资许可，佐科说：“一分钟！”然后马上拿起笔签字。[16]

闻风而来的娱乐休闲公司——纵横工作室（Trans Studio）和前景动力公司都打算出资在梭罗打造一个大型动物园，但是他们开出的条件都是垄断性条款。佐科敏锐地嗅出了这两家公司的意图。佐科认为竞争是不可能避免的，只有竞争才能有创新，并婉言劝说他们调整合同条款。最终前景动力公司被佐科说服，调整了合同，并出资兴建了动物园。

佐科依靠本地资源和人员，振兴本地经济的政策收获了令人惊喜的成果。从 2005 年到 2010 年的五年间，梭罗的地方收入从540亿盾增长到1460亿盾。

（三）整顿官僚系统

印尼地方政府普遍有贪污腐败、效率低下的坏名声。佐科对此深恶痛绝。上任之后，他立即做了两件大事：一是简化政府程序，二是整顿官僚队伍。用他的话说就是实现“善治”和“廉治”。

过去在县里申请身份证，需要走各种乱七八糟的程序要等两三个星期才能办完。办完的时间不确定，要看申请者是谁，塞给办事人员多少小费。佐科要求县级政府简化程序，并帮助他们配备计算机和技术人员，实行电子政务。

制定制度容易，但是执行和监督起来难。为了简化办理身份证的手续，佐科召集了51个乡长开会，有3个乡长说1小时办理身份证是不可能的。他们提出折中方案，要求时间延长为3天。佐科听了只是笑笑，第二天这3位乡长就被革职了。手续简化改革照计划进行，一切顺利。改革后情况完全转变了。现在各镇的行政办公室犹如银行，公务员和民众之间没有隔板，全部公开，办身份证1小时内完成手续，收费为5000盾。

除了简化身份证办理手续，佐科还简化了新公司审批手续。以前这项手续从开始到完成需要6个月，简化程序之后逐渐缩短到4个月，最后只需要6天。

在反腐败问题上，佐科对自己的要求比对任何人都苛刻。担任梭罗市市长的七年间，总计6.3亿盾的市长工资他分文未取，全部返还给了社会。这期间，他的家庭支出全靠其家具出口工厂的收入维持。虽然工资分文未取，但是当肃贪署要求清点他的财产时，佐科非常支持和配合，将自己的所有收入全部上报。

佐科不仅不拿工资，就连他用的政府公车丰田凯美瑞都是前任市长斯拉眉用过的旧车，车龄已经10年了。2012年，当地方议会预算局副局长苏普利延托（Supriyanto）告诉佐科当年有预算购置新公务车时，佐科竟然当场拒绝了。他说："我自己的私家车已经14年没有换了。我不喜好车子，能用、安全就可以了。"[17]

在做梭罗市市长的最后一年，2012年1月2日，佐科终于换了辆新公务车。这辆新的吉亚·厄瑟姆卡（Kiat Esemka）80%的零部件都是印尼生产的，更有纪念意义的是，这辆车是梭罗第二职业中学和梭罗市民职业中学的学生一起组装的。乘坐这辆新车，佐科感到非常自豪。他笑着说："这辆吉亚车和丰田凯美瑞一样舒服嘛，应该说更舒服。"[18]佐科还称自己是"吉亚车大使"。在他的宣传下，德国大使亲自到梭罗参观汽车生产车间。

佐科的努力没有白费。2011年，在国际透明组织印尼清廉指数名单上，梭罗与直葛（Tegal）、巴厘一同位列印尼前三。但是完美主义的佐科仍然不满意，他看到梭罗的清廉指数还有四项没达到满分，他表示还需要继续努力，加大监督力度。

（四）服务普通百姓

自2005年成为梭罗市市长之后，佐科就开始了他的"微服私访”式的突击巡查工作。 他经常让司机带着他到商贩、停车场、贫民窟这样的地方，向贫穷的市民分发大米，倾听普通民众的愿望。

在印尼，官员出行，摩托车在前面开道是很普通的事。 即使不是官员，只要肯付钱，雇一队专业的摩托车开道也不稀罕。但是佐科从来没用过开道队。 他说：“不用开道更轻松，有开道队反而更担心，车开得太快了，我们还得一路跟着。 没有开道队，我们路过交叉路口，要是看见有市民在，想停就停，发钱发大米。 我不喜欢被约束。”[19] 给佐科开车的司机苏力阿迪（Suliadi）已经在政府服务 22 年了，给四位市长开过车。 他说佐科是唯一一个不用开道队的市长。

佐科微服私访的足迹遍布政府服务机构、医院、商店、市场、火车站、工厂，可以说梭罗的每一寸土地他都了如指掌。他突击检查不仅仅是为了了解民众的生活状况，询问他们的困难，他还亲自动脑筋帮他们解决问题。 有一次他发现一个市场虽然刚翻修过，但生意还是不好。 他了解情况后，认为原因是疏于管理，他要求市场管理者经常和商贩沟通，认真清理卫生，甚至亲自帮助他们调整停车场布局。

还有一次，一个周五，佐科被邀请到第六国立高中讲一节公开课。 他发现学校礼堂年久失修，屋顶和墙壁有裂痕，十分危险。 下个周一，佐科派来的工作队就来到了学校，开始丈量和维修礼堂。 在佐科的关心下，这所学校后来又建了新的教室，购买了新的教学设备。

佐科认为，消除贫困的最根本办法是让市民受教育。 佐科尤其关注贫困家庭的教育问题。 在他的提议下，政府向贫困家庭学生颁发教育卡，分铂金卡、金卡和银卡。 最贫困的家庭发铂金卡，孩子从小学到高中的教育全部免费：注册费、学费、学习用具和活动费全不用交。 金卡和银卡分别得到特定的补助。

医疗卡和教育卡一样分等级，有金卡和银卡，赤贫家庭可获金卡，医疗、住院全免费。 如果佐科发现哪家医院不愿意收治穷人，他将马上吊销医院的执照。

其实佐科在梭罗的第一个市长任期内就实现了竞选时的诺言：整顿市貌，改善市民的营养状况，降低母婴死亡率，提升教育和医疗。 正如他常说的：工作，努力工作，服务社会，除此之外没有其他的。

（五）建设美丽梭罗

佐科做了20多年的木材和家具商人，足迹遍布全球各大城市。 丰富的经历赋予了他与当地政客不同的视野。 在亲身体验过丰富多彩的异域文化后，他获得了一种敏锐的“他者”视角，能够以比较的目光观察和审视他的家乡梭罗，比其他人更能体会梭罗的独特魅力。

在他眼中，梭罗是一个有着深厚文化传统和历史气韵的城市。 只需懂得这座城市的历史，就能看到其中蕴含的价值。 在建设和修缮这座古老城市的时候，佐科一直怀着崇敬的心情，希望在他的努力下恢复梭罗昔日的美好。

位于梭罗市中心、始建于1745年的凡斯登伯格（Vastenburg）城堡多年来一直疏于维护，建筑已经部分被损坏，四周杂草丛生。2007 年，在佐科的指示下，这座城堡终于得到了修缮，现在已经成为梭罗的公园、休闲场所和演出承办场所。梭罗国际表演艺术节、梭罗国际烹饪节、梭罗国际民族音乐节都在这里举办。

另一处在佐科的指示下恢复风采的文化古迹是巴雷甘邦公园（Taman Balekambang）。这座公园是 1921 年芒古那嘉兰七世（Mangkunegaran VII）为他的两个公主建造的公园，直到芒古那嘉兰八世才向公众开放。2008 年，经过重新翻修后命名为巴雷甘邦公园，集文化艺术、教育、园艺和娱乐休闲功能于一体。

为了吸引各地游客，佐科也积极建设配套的生活设施和公共设施，如星级宾馆和高档公寓，并在主干道设置免费的无线网络热点。

绿色梭罗是佐科改造城市面貌的另一个重要项目。为了提高空气质量，佐科大力发展公共交通。梭罗还与另外一座历史悠久的爪哇城市日惹合作建立了统一的公交服务线路。乘客手持一张电子充值卡，就能在梭罗和日惹乘坐公共交通工具和来往于两城市间的火车。佐科认为爪哇岛并不适合建太多的高速公路，因为不环保，而且会占用太多耕地。他认为解决爪哇地区间交通的最好办法是建铁路。在梭罗，他已经修复了两辆德国生产的老火车，让它们重新在梭罗跑起来，成为梭罗文化旅游的景点之一。佐科表示，他还要搞骑自行车去上学、去上班运动。他计划在梭罗若干地点提供配备 GPS 定位系统的免费自行车。像雅加达一样，梭罗也将每周日上午定为“无汽车日”，人们可以在城市主干道上跑步、散步。佐科还引进了绿化运动。现在城市的主干道斯拉眉·李亚迪路（Jl. Slamet Riyadi）已经修整了宽阔的人行便道，绿树如茵。

从前，梭罗被称为破败的城市，总是被邻居日惹比下去。通过佐科的改革，梭罗逐渐变成了一个人与自然和谐共处、美丽宜居的城市。

（六）复兴文化梭罗

在所有游历过的城市中，佐科最喜爱克罗地亚的萨格勒布和匈牙利的布达佩斯。每个到过这两座古老城市的游客都会被它们的文化瑰宝和精神气韵所吸引，好似有一种超越时间的魅力。在佐科看来，梭罗同样具有如此吸引人的魅力。梭罗的舞蹈、音乐、“巴迪”手工印染布在全印尼都非常出名。他说：“梭罗的独特性和优势在于它的表演艺术。这一点和日惹有区别：日惹更擅长造型艺术。”[20]佐科认为，“未来的梭罗就是从前的梭罗”，梭罗丰富的文化遗产是这座城市最宝贵的财富，祖上传下来的艺术将承载这座城市在全球化的浪潮中远航。

2006年，佐科为梭罗申请加入世界遗产城市组织（OWHC），经过两年的努力，梭罗终于成为会员城市，并在2008年10月承办了世界遗产城市组织年会。佐科在任市长期间，梭罗主办了440次音乐、戏剧等艺术文化展览和演出。2007年，梭罗成为世界音乐节东道主，庆祝活动在差点被拆掉建为商贸中心的凡斯登伯格城堡举行。2008年，梭罗再次主办世界音乐节，这次在芒古那嘉兰皇宫区举行。梭罗还举办了梭罗巴迪狂欢节、梭罗国际艺术汇展、梭罗国际民族音乐节等。

梭罗不仅将自己的文化在世界舞台上展示，而且梭罗本身也成为海纳世界各民族文化的国际化舞台。

佐科还在保护和传承梭罗文化上下了不少功夫。佐科以出色的协调能力解决了梭罗王室继承人的纠纷，使兄弟俩重归于好。梭罗王室在当地人民看来是梭罗文化的代表。佐科帮助王室解决问题，避免其分裂，就等于帮助当地社会维护了梭罗文化的完整。在佐科的推动下，现在梭罗拥有两所职业艺术学校和艺术高等教育机构，学校内设置了传统乐器加美兰（Gamelan）和哇扬皮影戏（wayang）的课程。佐科还下令在政府办公室、银行、学校、购物中心等服务部门的牌匾上添加爪哇文名称，在学校设立爪哇语课程，鼓励人们在正式场合穿爪哇服饰。看到梭罗只有一家博物馆，佐科感到十分忧虑。“我提出建设格力斯短剑博物馆、面具博物馆和古董博物馆，不知道为什么议会没有通过。”[21] 佐科遗憾地说。不过他提议建设的能容纳一万人的歌剧院已经被批准开工了。

正如佐科预想的那样，梭罗是个有潜力、有力量、有特色的城市。梭罗的创意产业前景光明，只要使用国际化的方法和标准去管理，就会产生令人满意的结果。

四　最佳市长　创造纪录

佐科任梭罗市市长七年时间成绩斐然，获得奖状、表彰无数。2008 年，佐科被印尼的《时代》杂志选为“十大领袖”之一；2011 年 4 月，他获得内政部颁发的“市长楷模”称号；由于对梭罗的领导和建设成绩他获得“哈达”奖状。2012 年，梭罗获得“东盟最佳城市”奖。

2012 年 12 月，佐科在全世界入围的 98 位市长中脱颖而出，获得了 2012 年世界“最佳市长”的称号，排名第三。在获奖词中，佐科被描述为“将一个高犯罪率城市变成了地区文化艺术中心，并开始吸引全球游客。他领导的反腐运动使他获得了印尼最正直政治家的称号”。[22]

2008 年，佐科还被邀请在联合国治理委员会论坛上做了 8 分钟的演讲。他就城市空间治理分享了自己的经验。他也是印尼第一位被邀请到治理委员会论坛上演讲的市长。

尽管获得了国际、国内如潮的表彰和肯定，佐科仍然保持着一颗平常心，他说：“值得尊重的生活不由你的教育水平多高，拿到什么学历，胸前挂着多少奖章决定。生活的尊严在于你的名字刻在你身边人们的心中，你的工作使许多人受益，每天你早晚祷告的时候都祈祷今天比昨天更好。生活就是工作和爱。我们应该如此过简单的生活。”[23]

佐科获得的最佳市长的荣誉及其他荣誉，创造了历史，这体现了佐科强大的执政能力，这为他竞选雅加达特区省长奠定了坚实基础。

第六章　首都新政

佐科于2012年10月15日担任雅加达特区省长。一如他任梭罗市市长时，既关心底层百姓生计，又注重城市建设，同时不遗余力地保护城市传统文化。佐科与搭档钟万学分工明确，佐科负责到现场，亲自摸查、了解问题，并在最短时间内解决问题。早在经商和竞选省长期间，他已发现雅加达的最大问题是隐藏在高楼大厦的繁荣背后的贫困——底层百姓，尤其是贫民区居民，生活艰难，[1]因此佐科一上任就发放医疗卡和教育卡，努力改善底层百姓上不起学、看不起病的状况。

作为首都，雅加达存在着许多老大难问题，如外来人口多、治安差、贫富差距大、交通拥堵、雨季内涝严重、小贩乱摆摊、贫民区脏乱差等。这些问题都是棘手的老难题，尤其是内涝和拥堵。佐科的前任们也曾在竞选时承诺解决，最后大多不了了之。佐科采取短期和中长期治理双管齐下的措施，希望从根本上解决上述问题，但中长期措施并不能一蹴而就，无法立竿见影。尽管如此，雅加达民众在佐科没有完成省长任期就竞选总统的情况下，依然把票投给佐科，说明了雅加达民众对他的肯定和信任。

一　治理内涝　不忘贫民

印尼是只有旱季和雨季之分的热带国家，首都雅加达位于爪哇岛西北海岸，处于芝利翁河口，地势南高北低，有些地区低于海平面，平均海拔只有 8 米，有 13 条河流经市区，其中最大的是芝利翁河。很多人在河岸和水库堤岸上随意搭建房子，生活垃圾随意扔进水库、河里，导致河流每逢雨季容易泛滥，水库无法发挥正常功能；雅加达的下水道系统也没法发挥正常作用，没有完整的地图，部分下水道上面盖有建筑物（如公寓等），没法彻底检修更新。每逢雨季，雅加达都会内涝成灾，且一年比一年严重。[2] 雅加达居民备受内涝折磨，要求解决的呼声一年比一年高，但显然，到目前为止，内涝依然是问题。佐科上任后，采取的治理内涝措施主要有以下几项。

一是恢复河流和水库的正常功能。2013 年重点放在芝利翁河、北桑戈拉汗河、昂格河、巽德尔河及普鲁伊特水库、利亚利欧水库。[3] 雅加达地方政府、中央政府公共工程部与世界银行合作，通过“雅加达疏浚工程”一揽子计划，对雅加达的整个水道系统进行维修，包括 13 条河流和 9 座水库；[4] 对河流水库堤岸进行清理整顿，如通过排屋村项目原地整改贫民区、建水库公园、把河岸和水库贫民区居民安置至廉租房、加大廉租房建设等。

2013 年，雅加达地方政府开始大规模清理水上垃圾，发起“干净的芝利翁河运动”和“在河流流经地区种植 10 万棵树活动”，在河流流经地区种植绿化带，绿化带与居民住处相距 20 米；芝利翁河岸房屋按排屋村模式整改；整顿芝利翁河养殖业，动员全社会清理垃圾，确保芝利翁河畅通无阻。[5]

2013 年，雅加达地方政府借助“雅加达疏浚工程”快速恢复了河流水库功能。最著名的就是普鲁伊特水库、利亚利欧水库和北桑戈拉汗河，原先满是垃圾、犯罪分子聚集的脏乱差贫民区焕然一新。[6] 普鲁伊特水库恢复正常功能标志着雅加达内涝控制系统的改善。水灾发生时，佐科动员水库居民搬至已建好的廉租房，允许他们选择不同地点的廉租房，免去前 3 个月的租金，奖励电视、冰箱、床铺及海上交通设备。搬迁遇到阻力，佐科通过“午餐外交”化解，使河岸居民自行拆除住处，搬去廉租房。水库面积拓为 80 公顷，拓深至 3 ~ 7 米，沿公园建慢跑跑道；[7] 动员利亚利欧水库居民搬至比奴斯爱乐（Pinus Elok）廉租房，补偿 400 万印尼盾，奖励电视、冰箱和床铺。与此同时清理水库，整顿堤岸，恢复水库功能。原来长满水葫芦的利亚利欧水库种上了观赏作物，面积从原来的 9 公顷增为 12 公顷；水库公园增加露天剧场，游客可免费无线上网。[8] 其他水库也陆续进行了整顿恢复工作，如西道芒帕拉特和拉瓦帕姆邦水库。

北桑戈拉汗河流量小，维护差，尽管 2010 年决定从原来的

50 立方米/秒扩大为 115 立方米/秒，但一直拖延未动工。2010 年 8～10 月因水流湍急和堤坝老化曾决堤三次。2013 年底至 2014 年初雅加达地方政府与公共工程部合作，利用“雅加达疏浚工程”，建水坝将水引到吉普利尔地区；同时在南雅加达市建水库，储存部分上游水，减轻雅加达下游河流的负担。

佐科通过排屋村项目（资金源于社会资助，而非财政）原地整改雅加达贫民区，把原来脏乱差的贫民区改成按居民意愿设计的村庄。整改排屋周围的基础设施，如拓宽路面、装路灯、建公园、维修下水道，使那些土地所有权明确的居民有机会改善居住条件和环境。据雅加达特区政府房屋和建筑物管理厅统计，雅加达贫民区至少有 392 个小组（每小组至少 100 户），部分位于河流或水库堤岸，而其中符合原地整治排屋村的有 26 处。[9] 2013 年共建成 26 个排屋村，计划到 2014 年 6 月初新建 70 个；还通过廉租房安置水库居民，解决贫民区问题。2013 年内涝期间，上述两座水库和巴金河河岸居民被安置至比奴斯爱乐、玛鲁达、达姆保拉等廉租房小区。特区政府为了顺利安置水库堤岸、河岸居民，加大了对廉租房建设的投入。除了雅加达地方政府自建外，还接受中央政府各部门的资助。2013 年共建成 2830 套廉租房，在建的有 1700 套，2014 年建成 2000 套廉租房；两年任期共建成 5 个廉租房小区，约 1200 套。[10]

雅加达特区联合上游省份和中央政府相关部门在上游建水库，即西爪哇的芝亚维和芝芒基斯。因雅加达与西爪哇、万丹是上下游关系，雅加达无法独立解决内涝问题，需联合上述省份及中央政府公共工程部（雅加达有 13 条河流属中央政府管辖）

共同治理。2014 年初，佐科得到相关省市和公共工程部支持，拟在上游西爪哇省茂物县芝亚维建水库和勿加西县芝加浪普萨特乡的苏加玛西建芝芒基斯水库。[11]

二是从村镇级抓起，辖区每镇都建雨水截留池；检查排水渠是否全部接驳下水道，保障下水道通畅；每个村都留公共空间和绿化地；每个镇都建堤坝，加高原有堤坝；加派人手清理、挖通每个村的水渠和小河。[12]

三是打井。由政府或私人出资，从上游到下游的各地打井。井深 20 米，直径 4 米，计划 5 年内建成一万口井，以减少流入雅加达的水量；建水泵减少积水，尤其是北雅加达市的积水。[13]

四是建地下深隧。从东雅加达的 MT 哈尔约诺路（MT Haryono）到北雅加达的普鲁伊特，长 19 公里，直径 16 米。

五是增加户外绿化带。雅加达目前只有 6% 的户外绿化带，而理想的户外绿化带要达到 30%。雅加达特区政府拟购买私人土地建绿化带，其中利亚利欧水库增加 15 公顷，BMW 公园增加 30 公顷，北桑戈拉汗河增加 8 公顷。

六是“以物易物工程”。2013 年底，西班齐尔运河(Kanal Banjir Barat)水导致普鲁伊特水库决堤，因水库太浅又发生沉积，只剩 2 ~ 3 米深度，而理想的深度是 10 米。住在水库堤岸的 17000 户家庭需政府安置，该工程需耗资 9900 亿盾。副省长钟万学提出“以物易物工程”措施：水库挖掘工作交由开发雅加达湾房产的投资方负责，挖出来的泥土归其所有，政府颁发开发许可证。

七是建芝利翁河水渠。芝利翁河水渠工程是雅加达地方政府与公共工程部的共同构想，地方政府负责征用土地。在芝利翁河通往东雅加达市的东班吉尔运河和芝萨达纳河处建水渠，在开通水渠前先清理河流及周围地区，进入雅加达的水量可减少约40%。水渠长2.1公里，可分担西班齐尔运河与东班齐尔运河的负荷。该水渠需耗资5000亿盾，计划2014年完工。

八是建巨型海坝。该大工程计划在雅加达北部建造，雅加达地方政府与公共工程部合作建造。大坝长达30公里，预计耗资1000亿兆盾，能用1000年。[14]

九是人为改变天气。与国家减灾机构以及空军合作，通过撒食盐方法转移本要经过雅加达的降雨带，使其远离雅加达。2013年成功减少了降雨量。

十是完成东班吉尔运河、曾迦棱排水系统整修等需耗时几年甚至十几年的项目。

二　狠治拥堵　多管齐下

雅加达堵车的严重程度排世界前列。2011年，747处拥堵点中有59条路依然拥堵，包括南雅加达30条、西雅加达11条、北雅加达7条、东雅加达6条、中雅加达5条。[15]不仅雅加达居民怨声载道，外来游客也印象深刻。正因为拥堵的名声在外，许多国外游客只把雅加达作为中转站。作为人口高达1200万的国际大都市，雅加达的公共交通基础设施建设滞后；一些公交车停车站地点不合理；交通规则形同虚设，公交车随意停车上下客，其他车辆路边乱停车；作为执法部门的交警执法不严；尽管制定了不少相关法规、政策，却很少得到落实。例如2010年中央政府出台《17条防治雅加达拥堵措施》：①市内某些路段收费，用电子系统支付；②设专用公交车道；③雅加达地方政府重新研究有关停车事项政策；④修路；⑤增加两条雅加达市内公交汽车走廊；⑥公交燃气价格优惠；⑦奖励小型公交车更新换代；⑧增加雅加达—茂物—德勃克—塘厄朗—勿加西线路火车班次；⑨交警整顿公交车；⑩建设勒拔克布鲁斯车站（Lebak Bulus）—印度尼西亚宾馆花坛路段地铁；⑪成立雅加达—茂物—德勃克—塘厄朗—勿加西交通局；⑫修订雅加达—茂物—德勃克—塘厄朗—勿加西线交通综合规划，制订规划蓝图；⑬建雅加达—芝加浪双轨；⑭建接驳公交的内环火车轨道；⑮雅加达建六段高架路；⑯控制车辆数；⑰建停车转乘系统，减少乱占车道现象。直到2012年12月，只有其中五项得以落实，即第三、第四、第五、第六和第八项。[16]

尽管各界普遍对治理雅加达拥堵不抱希望甚至绝望，但佐科认为雅加达交通拥堵问题虽然复杂，但不是无解的难题。他把主要原因归结为政府相关部门执法不力及雅加达社会普遍缺乏遵守法规、秩序的意识。不仅乱停车现象相当普遍，执法部门也缺乏严格执法文化；雅加达不缺交通规划、财政预算及交通专家，但是措施执行和落实得都不理想。所以他要做的就是采取行动以落实政策。[17]佐科的治堵行动如下。

（1）大力建设公共交通，包括2013年开建地铁和单轨。目前在建的地铁计划于2017年——亚运会举办前一年完成；单轨问题错综复杂，几十年前雅加达地方政府就开始“纸上谈兵”

却一直没有付诸行动。在佐科的努力下，终于在他出任雅加达特区省长一周年时，地铁动工，[18]但由于承建方雅加达单轨有限公司不符合条件而搁浅。

（2）大量购买市区公交车（中巴和大巴），因部分车辆有问题，雅加达交通厅有官员涉嫌欺诈，佐科撤换原交通厅厅长，任命新交通厅厅长；规定通过电子目录采购雅加达市区大巴；2013 年 12 月 30 日，为了提高车辆和服务质量，成立雅加达市区大巴有限公司，其为独立的地方国营企业，不再从属交通厅，不再受其约束，使其可以更为有效、灵活、机动地运作，包括采购。

（3）扣留不符合条件的小巴（Metromini）和中巴（Kopaja）。由于交通事故频发，雅加达特区政府对车辆起码的安全设施规定更为严格，如刹车、车身、速度表、灯、窗玻璃，如不符合条件，即将车辆扣留。

（4）佐科于 2013 年 1 月 15 日要求居民、观察家、专家、公共工程部、投资方、相关领域团体代表就 6 段高速公路工程提意见，以便推迟工程。6 段高速公路工程是前两任遗留下来的工程，直到其前任法乌兹 · 泊沃（Fauzi Bowo）任期结束前，公共工程部与民营投资方才达成协议，并确定中标方。尽管很多居民反对，佐科也反对，但他无权取消。之后钟万学宣布没有 6 段高速路的说法，只有雅加达环城高速，设高架大巴车道。民间投资方也同意了在高速公路上设公共交通设施的要求。

（5）反对廉价汽车。按 2013 年第 41 号政府条例，印尼中央政府计划发展廉价汽车项目，佐科坚决反对，因为该项目会进一步恶化雅加达的交通。他认为应该大力发展低价、安全和舒适的公共交通。为此，佐科写信给时任副总统的布迪约诺，质疑廉价汽车政策。

（6）设公交车专用车道，处罚违章司机。2013 年全年共有 56000 名违章者被处罚。

（7）2013 年底 M 区广场—市区线路第一走廊车道开始实行公路电子收费，每辆小车或私家车需付费 22000 盾。[19]

（8）增加市内停车成本，减少私家车进城数量。

（9）改变雅加达原有的生活节奏，比如错开上下班和上学、放学时间，减少高峰期车流量。

（10）恢复传统市场，建小贩商厦，恢复道路正常使用。[20]

三　整顿小贩　新建市场

小摊贩问题也是雅加达的老大难问题之一，尤以丹拿望商务广场的小摊贩问题为甚。佐科上任后，即着手处理丹拿望商务广场的小摊贩问题。

丹拿望商务广场位于雅加达中心城区，面积 2.6 公顷，北至贾迪巴鲁路，南至苏迪曼将军路，东傍芝登河，西临北戈佬高罗河。它是东南亚最大的纺织品交易中心，巨大的贸易流通吸引了很多人来此谋生，其中就有很多小贩搭建临时性的小铺做生意，被称为 PKL。20 世纪 70 年代小贩乱摆摊现象就已出现。据中雅加达市中小企业、合作社和商务处统计，当时已有小贩 942 名，摊位 1025 个。该广场不仅国内生意日益兴旺，连国际贸易都逐渐发展起来。20世纪90年代，小贩乱摆摊现象导致的种种问题日益影响社会治安和市容，成为政府必须解决的烫手山芋问题。卫生管理无序，再加上地势偏低，雨季长达8个月之久使该区十分拥堵且水患严重，而小摊贩问题被认为是该地区拥堵和水患的罪魁祸首。同时，小贩无序摆摊也损害政府和社会利益：占用国家土地而不纳税，占用公共通道的空间，犯罪率高，人身安全得不到保障。雅加达特区政府前两任领导人都曾采取整顿措施试图解决小摊贩问题。如苏迪约索省长利用城管整顿，城管与小摊贩发生肢体冲突，而且被赶走的小摊贩又会回来，不是长久之计。法乌兹·泊沃省长在处理小摊贩问题上也只停留在整顿阶段，安置手段没有跟进，无法避免小摊贩重返人行道和马路。结果是，小贩乱摆摊现象依然如故且愈演愈烈。[21]

与一般人对小摊贩问题持完全负面的看法不同，佐科认为小摊贩是用很小的资本努力生存的社会群体，是靠自己努力、不依赖政府的底层社会自强不息的代表，所以政府不应只考虑市容，动用政府机器驱赶或禁止，剥夺他们生存的权利和手段，而应支持他们，给他们生存和发展的空间。[22]佐科为他们提供了该广场的其他街区，让他们可以正常有序地经营。而且他还改变安置工作的具体执行方式，即改变城管思维模式。众所周知，城管在具体执行时一般采取强制性手段，而佐科要求城管采取劝服方式；同时调整城管内部管理方式和人事，原先由男性担任的城管队长改由女性担任，改变原先粗暴的整顿管理做法。[23]

但要让该广场的小摊贩搬迁并非易事，因为他们在此地谋生相对容易，更何况他们背后还有靠其食利的流氓团伙。佐科在梭罗时曾成功解决小摊贩搬迁难题，就是因为他能站在小摊贩立场上考虑问题，将心比心，不为城市利益牺牲小摊贩利益。在处理丹拿望小摊贩问题时，佐科采取了同样的做法。他为小摊贩提供丹拿望广场G区继续摆摊，而且提供优惠和便利：G区配备各种设施，如扶手电梯、汽车抽奖、免费无线上网；改变几条公交车线路，使之经过G区；免收6个月摊位费，在电视上免费进行广告宣传；严格管理G区，保障小商贩的正常经营，最终于2013年中解决了该棘手问题。

在解决丹拿望小摊贩问题时，佐科采用了多种方式，如民主、参与、强硬并用，既果断又灵活。所谓民主方式就是积极与相关部门就该问题反复沟通，召集各相关部门开会，布置任务，统筹分工。统筹工作会议时，作为总负责人的他经常与下属互动，接纳下属好的建议，同时，与小摊贩直接对话，佐科在这种直接对话中既容易摸清小摊贩领头人情况，更容易找到小摊贩管理混乱的问题根源。同样，他对小摊贩和当地社会也采用了直接、公开对话的民主方式。与前任们不同的是，他经常跟小摊贩和其他人打招呼、相互问候、聊天，坦诚聆听他们的声音。小摊贩们感受到省长的重视和真诚，所以尽管佐科不是雅加达人，还是能信任他。

所谓参与方式就是佐科亲自参与解决问题，亲自领导会议，拜访直辖部门领导（中雅加达市市长）和当地社会，以双向沟通为原则，共同落实决策。省长的直接参与对成功进行该广场小摊贩安置工作提供了很多便利；同时，他亲自参与宣传工作，亲自参与政策制定和政策落实，尽量做到不偏不倚。佐科把自己放在小摊贩和当地社会声音的倾听者的位置，倾听他们的抱怨和不满、想法和要求。在这个过程中，作为管理方的政府和被管理方的小摊贩不再是对立关系，原有的紧张关系慢慢得以缓和甚至消除。该广场的城管对佐科赞誉有加：省长会事先不通知突然出现，会询问当地人和小摊贩怎样做更好，聆听后让下属跟进；还让对小摊贩有影响力的各方都参与进来，有助于安置工作顺利进行。

至于强硬，主要是针对负责该项目的下属，佐科要求下属严格依据有关法律条文办事，做遵纪守法的表率。一旦发现有下属工作懒散、不自律就予以惩罚。这样严厉的做法自然也会让个别企图破坏小摊贩问题顺利解决的人士不敢放肆；严抓下属工作纪律，遇下属不认真会当面批评，不留情面。强硬的领导手法旨在尽可能改变一直为人诟病的公务员懒散、被动、效率低下的工作作风，同时也会对小摊贩和其他利益相关方产生警示效应。中雅加达市市长对此曾评论说：每次协调会议的决定都要一致通过。尽管有批评不满声，但佐科态度坚定，毫不动摇。因为小摊贩现象的存在的确违反政府条例，妨碍社会秩序。[24] 佐科坚决依法办事为全社会树立了好榜样。

2013～2014 年，雅加达政府共新建 9 个传统市场，配套设施齐全，商贩免交小铺租金，只收取维修费、水电费，但必须参与维护市场并遵守不转租、不转卖的规定。[25]

丹拿望小贩乱摆摊问题的成功解决，对雅加达其他地区解决小贩乱摆摊问题具有参考和示范价值，同时也成为政府有序管理的一个好开端。

四　改革官制　任贤与能

印尼的官僚体系至少存在两个主要问题：第一，公务员招录存在贪腐、裙带关系和勾结现象；第二，如要升职、升官，得付上司好处费，如某单位或某部门的第一把手、地方领导人。[26] 佐科自上任雅加达特区省长后，就开始整治官僚制度以及官僚文化中存在的如贪腐、无纪律、不专业、职位与职能不符、政治不中立、低效率等痼疾。2013 年 4 月，佐科在官员的选拔上实施制度创新，即职位的公开选拔。常规的官员晋升更重视任职年龄、任职级别，限制有能力、有创意、讲诚信的官员的出线，只看对上司是否服从，而不重视资格条件，容易导致权力垄断，没有关系的“外人”很难进入官僚体系。阿古斯德威扬道（Agus Dwiyanto）在《通过官僚改革重获民众信任》一书中写道：印尼官员的毛病之一就是爱拍马屁，做工作都是为了让上司高兴，对上司过度忠诚，加上不公开的选拔机制很难保证官员选拔的公正性。这种旧的选拔模式不仅容易滋生腐败，也因为程序不公开更容易被“政治操作”。[27]

该公开选拔政策并非直接面向社会，而是要对直接与社会打交道的最基层政府官员即村长、镇长进行整肃。新政策规定，申请者必须是雅加达特区公务员，第三级第二等至第三等公务员可竞聘村长一职，第三级第四等至第四级第一等公务员可竞聘镇长一职，通过测试，成绩合格、身心健康、表达能力强，就可以担任他所竞聘的职位。测试结果向社会公开，雅加达地方政府按能力和资格录取。职位竞聘至少保证了公平、透明，避免了任人唯亲、政治报答等弊病。佐科在竞选和上任后，经常下基层，了解到社会对雅加达村、镇最基层政府机构的服务不满由来已久。因此，在雅加达政府公务员部门内部讨论职位选拔的法律、技术和行政方面的可行性的基础上，开始对村长、镇长公开竞聘，旨在通过改革最基层的官僚机构，满足民众对良好的官僚服务的需求和期望，该政策实行后是否有效由社会评价。[28]

村长、镇长公开竞聘，目的是选出真正愿意为百姓服务、愿意走到百姓身边、了解百姓疾苦、为百姓解决问题的官员，而不是坐在办公室里等着盖章签字的“橡皮图章”。他们上任后每半年还需考核一次，对照 2013 年政府服务指标，通过民调了解社会对他们服务的满意度，解除不符合社会期望的公务员的职务，提拔社会满意度高的公务员。一旦涉嫌违规违法，即被革职，奖惩分明。[29]

按原来的公务员晋升规定，担任村长后要成为镇长至少需要 12 年时间，但村长、镇长职位公开竞聘为公务员职务晋升提供了快速通道，能有效激发公务员的工作热情，最终提升为社会服务的效率和质量。新制度也为转部门任职提供了机会，如原来医疗站站长不可能成为镇长，反之亦然。雅加达人反映以前公务员们会对提供的服务收取不当利益，所谓“有钱事情才好办”的现象现在的确有所改变：去政府部门办事不用额外缴费，能被平等对待，也比之前快了些。[30]

村长、镇长职位公开竞聘后，佐科就着手中学校长职位竞聘。2013 年 11 月，特区政府对雅加达所有中学，包括 117 所高中、63 所职高校长和监学职位进行公开竞聘，竞聘者包括所有现任校长和校长候选人，以及个别符合一定条件、有资格证书的教师。竞聘者必须在规定时间内完成网上申请，网上申请通过后，参加一系列专业或知识测试，合格者方可参加心理测试。由于职业特殊性，规定竞聘者必须是雅加达公务员，最低级别为第三级第三类（相当于中国的副处级），年龄不能超过54岁，但已通过遴选和教育培训的校长候选人和现任校长除外。[31]此外，还对雅加达在岗公务员进行考试，即对雅加达约6800名第三和第四级公务员重新测试，其中第三级858人，第四级5942人。规定每个人必须参加，以此了解官员的整体情况和解决问题的能力。[32]鉴于雅加达办证手续繁杂、行政成本高、存在隐形收费等，佐科于2013年12月成立了“一个窗口综合服务厅”，3800个新岗位全部公开竞聘。[33]

五　提高底薪　不畏抗议

2012年10月24日，印尼总工会联盟的部分工人在市政厅前发起示威活动。工人们要求将最低工资升至279万盾，副省长钟万学邀请工人代表进行对话，同意以最后一个月就基本生活需求的调查数据为准，而非之前的2012年2月至10月的平均值，加上其他各点内容，达成13条协议。佐科把确定最低工资事宜交由工资委员会与工会代表商谈。工资委员会建议190万盾，工会认为不合理，停止谈判。佐科向包括劳动力和国内移民部部长、西爪哇省省长、万丹省省长在内的人士咨询，以既不能与周边省份太悬殊，又能保障工人在雅加达的正常生活为宜决定雅加达工人最低工资，最后各方同意最低工资为220万盾，并由工资委员会确定。2013年底工人们又一次抗议，要求将最低工资升至370万盾，企业家坚持229万盾。佐科不顾企业家要搬出雅加达的威胁取中间值确定为244万盾，尽管工人们开始不肯，就370万盾讨价还价，还威胁要占领市政厅好几天，但最后游行自动解散，而244万盾的省最低工资于2013年11月1日正式实施。[34]

从上述行动中，我们不难看出佐科作为一个城市管理者和领导人的智慧和胆识。佐科把雅加达社会存在的很多问题归结于文化和制度，所以不畏阻力，从根本上着手，努力为雅加达民众和外来投资者营造一个良好的社会人文环境。雅加达是一个有活力、变化快的大都市，老问题还没解决，新问题已层出不穷，所以各种问题非一朝一夕能彻底解决。但所谓千里之行始于足下，人们已经看到，佐科所迈出的每一步都对雅加达更美好的未来有所助益。

第七章　当选总统

佐科，这位又黑又瘦的家具商人，平时喜欢穿花格子衬衫，远处一看，是个十足的“爪哇农民”，似乎与总统这个神圣职位永远不沾边。在儿时的梦想中，佐科从来没有做过总统梦。但2014年，中国的马年，“总统”的桂冠悄然戴在他的头上，背后有何神奇的魔力？

一　人气新星　参选总统

在苏西诺总统10年任期里，印尼社会总体保持稳定，经济保持持续高增长。但在苏西诺执政后期，其所在政党——民主党内部频发腐败大案，民主党的支持率一落千丈。印尼普通民众希望“变革”的呼声日益高涨，特别是年轻人群体。

根据印尼中央选举委员会的统计，在2014年大选中，17～

29 岁的年轻选民为 5300 万人，约占选民总数的 1/3，而第一次拥有投票权的年轻选民约为 13%。 这些年轻选民一部分是大学生，拥有独立的思想，另一部分是刚参加工作的年轻人。 年轻人喜欢政治新面孔，而对那些政治老面孔不感兴趣。

佐科“亲民、清廉”的新形象正好迎合了这群年轻选民的诉求。 根据印尼民意调查机构政治气象站 2013 年 9 ~ 10 月做的调查，“有 70.1% 的民众支持佐科竞选总统”，[1] 远超其他候选人。 即使在偏远的乡村地区，佐科的支持率也保持在高位，有媒体称之为“佐科现象”。

但是，要成为总统候选人，光有普通民众的支持还不够。根据印尼相关法律规定，只有在全国议会选举中获得至少 25% 的选票，或在国会议席中占有 20% 的席次的政党，才有资格推举正、副总统候选人，不然就必须组成政党联盟。

佐科虽然是民主斗争党的党员，但他不是该党的总主席，其总统候选人的资格必须得到民主斗争党总主席梅加瓦蒂的首肯和大多数民主斗争党干部的支持。

作为在野 10 年的最大反对党总主席的梅加瓦蒂，一直决心东山再起，试图夺回失去的总统宝座。 即便不成，也要推举其女儿普安 · 马哈拉尼为副总统候选人，以延续民主斗争党的辉煌。

梅加瓦蒂的这些想法遭到了民间团体和网民的极力反对。许多人表示，他们选佐科，不选民主斗争党。 由于梅加瓦蒂在任职总统期间政绩平平，如果执意参选总统，民主斗争党很可能在议会选举中难以获得令人满意的成绩。 这样一来，民主斗争党可能难以完成重新执政的梦想，最后可能一蹶不振，后继无人。在这种背景下，梅加瓦蒂不得不做出妥协，在2014年3月16日，议会选举战的最后一刻，推举本党党员佐科代表民主斗争党竞选总统。这样一来，“人气王”佐科就被选民推上了总统候选人的位置。

这项总统候选人提名，创造了印尼传统政治的多项历史：首先创造了总统候选人不是政党总主席的历史纪录；其次创造了地方官员直接参与总统选举的历史；再次，创造了由年轻选民的喜好决定总统候选人的历史。

二　议会遇挫　毫不气馁

议会选举前，印尼10多家民意调查机构，对参选的12个全国性政党的支持率进行了抽样调查，结果显示民主斗争党的支持率保持在18%~21%。

根据选前民主斗争党的乐观估计，有了佐科这个“人气王”，民主斗争党至少可以多获得5%的支持率，这样一来，在议会选举中民主斗争党可以获得25%的支持率，从而获得单独推举总统和副总统候选人的资格，如果再加上梅加瓦蒂的威望，甚至可能获得30%以上的支持率。

但议会选举结果令民主斗争党大跌眼镜，民主斗争党只获得了18.95%的支持率，与该党的预期相距甚远。这个选举结果显示，民主斗争党虽然重新夺回全国议会第一大党的宝座，但与其他主要竞争对手差距不大，难以在国会成为真正的“领头羊”。因此议会选举后，印尼的股市和汇市双双下跌。

民主斗争党议会选举失利，主要有以下几个方面的原因。

首先，基层动员力量不够。与专业集团党和大印尼运动党相比，民主斗争党的基层动员力量明显不足，这可能与民主斗争党的组织结构有关。曾有民主斗争党的支持者在网上抱怨佐科助选不力。其实佐科当时任雅加达特区省长，公务十分繁忙，只能利用周末时间到外地助选，次数十分有限。对此，有人反驳说，如果没有佐科，在议会选举中民主斗争党恐怕最多获得10%的支持率。

其次，高估了梅加瓦蒂的威望。梅加瓦蒂拥有苏加诺的政治遗产优势，在印尼拥有一定的选举基本盘。但梅加瓦蒂在执政时期的“负资产”降低了其威望，特别是民主斗争党在政府体制之外当了10年的在野党，缺乏执政所带来的天然宣传优势。

最后，对政党的竞争性估计不足。民主斗争党的竞争对手——民主党、专业集团党、国民使命党、繁荣正义党、民族复兴党、建设团结党6党为执政党，拥有政府的宣传渠道，同时国民使命党、繁荣正义党、民族复兴党、建设团结党等几个伊斯兰政党拥有传统的伊斯兰群众基本盘。新兴的政党，比如大印尼运动党、民族民主党等，拥有雄厚的财力，到处招兵买马，拉拢各界精英，影响日益增大。何况，民主党和大印尼运动党的支持群众与民主斗争党的支持者有重叠之处。因此在强手如云的政党竞争中，民主斗争党领导层对形势的估计明显不足，导致准备欠火候，最后难以获得决定性的支持率。

面对议会选举失利，佐科毫不气馁。他表示，这是人民的选择，我们只能坦然面对。佐科一向认为，议会难以阻挡施政。在他第一次任梭罗市市长期间，梭罗市议会中支持他的政党只占有不到10%的席位，但他能顺利施政。他确信，只要政府的施政符合人民的利益，议会的反对派很难阻挡。

三　坚持原则　不乱结盟

印尼现在实行的是“总统制”，总统由全民直选。根据印尼宪法，总统具有任命部长等特权，但总统的权力受到很多限制，比如国民军总司令、全国警察总长人选由总统提名，但必须经过国会审查并通过。国家收支预算法草案由总统向国会提出，但国会有权否决。总统制定的政府条例也必须获得国会的同意；如果国会不同意，总统就得取消有关政府条例。因此有人称印尼并非真正的“总统制”，而是“半总统制”，因为总统的一半权力被国会“拿”去了。

在苏西洛总统执政时期，组成了六党联盟政府。由于在一些具体问题上，六大政党经常会发生一些摩擦，所以后来成立了政党联盟秘书处，目的就是协调执政党在重大问题上的立场。这样一来，政党联盟秘书处的权力就很大，在一定程度上分享了总统的一部分权力，同时也降低了政府施政的效率。

其实，印尼普通老百姓非常讨厌这种政党联盟，他们称之为“买卖牛羊政治”，也有人戏称其为“分糕政治”。佐科深知这种政党联盟“分赃政治”的危害，因此心中有一条红线，那就是政党合作不以部长名额作为交易。

由于佐科坚持政党合作不以分配内阁部长席位为目的，结果，原来“蜂拥而至”欲与其结盟的政党精英纷纷投向其竞争对手——1 号总统候选人普拉博沃，或者干脆选择中立。本来，佐科参与的这场总统选举应该是一场“毫无悬念”的选举，但因为佐科坚持原则，2014 年的印尼总统选举充满了“悬念”和“纷争”。

四　面对抹黑　巧妙化解

佐科政治原则的“理想主义”在现实的总统竞选中遭遇了严峻的挑战。这些挑战主要是来自对手和反对他的人的抹黑宣传。

佐科在竞选开始时曾表示：“不必理睬那些抹黑宣传，那只是徒然浪费精力，我们还是下到民间做实际工作更重要。”[2] 他多次强调，只要能够把他们的愿景和使命向人民宣传成功，做好他们的工作就好。

因为在商界常有抹黑宣传，但是真金不怕火炼。譬如美国商家曾抹黑印尼的棕榈油和白咖啡，把它们描述为破坏自然生态和残害动物的产物，但在印尼这些产品照样畅销，因为质量第一。

但是，俗话说，“三人成虎”，抹黑宣传多了，“假的”就可能变成“真的”，那佐科在选民中的形象就可能受到影响，特别是那些抹黑的宣传是竞争对手联盟政党方面的精英和群众的口头宣传时，会使许多文化水准不高的下层人民信以为真。但佐科冷静面对，试图逐一化解。

（一）主动回击身份抹黑论

一些反对佐科竞选总统的人，在社交媒体及报纸杂志等媒体上散布谣言，称佐科是华人后裔，是基督教徒，不是真正的穆斯林，不会净身祈祷等，对其进行身份抹黑。

佐科竞选时乘飞机到各地宣传，每天至少飞到两三处。他在群众中说："现在有不少谣言，有人谣传我爸爸是新加坡华人，我这副乡巴佬的长相，怎么会是新加坡华人的孩子？"他就告诉人们他父母的真名。有人喊："佐科，您跟我们讲爪哇话吧！"他马上用很地道的爪哇语演讲，群众热烈鼓掌，都认定他是纯粹的爪哇人。

他还在某处会见当地伊斯兰长老，群众拥护其到清真寺，他充当伊玛目诵读《古兰经》，让大家见识他可以很流畅地诵读《古兰经》。后来网上出现 2003 年佐科一家到麦加朝圣的图片，证明他是哈吉。

在总统竞选的最后几天，佐科带领家人去麦加朝圣，并通过社交媒体和传统媒体发来一家人朝圣的照片，打消了部分民众对其穆斯林身份的疑惑。

（二）侧面回击傀儡论

在竞选中，有人说佐科是梅加瓦蒂的傀儡，而梅加瓦蒂是出卖国有资产给外国的人。

面对谣言，佐科通过他的竞选团队侧面出击，成功辟谣。一些德高望重的政治精英也帮他站台，比如专业集团党辅导委员会的副主席鲁胡特和前情报局局长亨特·罗普利约诺等，都称佐科是个有立场的人，并举例说在他当梭罗市市长和雅加达特区省长时，决策和施政完全不受梅加瓦蒂和民主斗争党的影响。

针对梅加瓦蒂出卖国有资产的谣言，佐科的竞选团队驳斥称，梅加瓦蒂当年承受苏哈托倒台的恶果，1998 年金融风暴使印尼国家破产、国库空虚，因此不得不出售一些国企的股权，以维持政府的运作。 而且此事是经过国会同意的，不能说是梅加瓦蒂出卖国家资产。

（三）低调回击候选人资格论

针对佐科总统候选人资格问题，一个是“道德”审判，另一个是“法律”审判。 这两个审判将佐科的总统候选人资格问题拖入舆论的旋涡之中。

首先是“道德”审判。 普拉博沃阵营放话称，2009 年普拉博沃与梅加瓦蒂有“君子协议”。 这项“君子协议”是2009 年梅加瓦蒂和普拉博沃在茂物的一处碑文石下签署的，具体内容如下：[3]

（1）民主斗争党和大印尼行动党推举梅加瓦蒂和普拉博沃为正、副总统候选人；

（2）如果成功，普拉博沃身为副总统负责复兴印尼经济的事务；

（3）梅加瓦蒂和普拉博沃共同组阁，承上第二条，普拉博沃可以指定森林部、农业部、国有公司部、能源部、海洋渔业部、工业部、劳工和移民部、人权司法部和国防部部长的人选；

（4）成立的政府将支持民主斗争党的政策和大印尼行动党的 8 项政策；

（5）竞选经费由双方平均分担；

（6）竞选团队由双方政党精英组成；

（7）梅加瓦蒂支持普拉博沃在 2014 年竞选总统。

当梅加瓦蒂民主斗争党提名佐科为总统候选人时，普拉博沃就亮出这份“君子协议”，指责梅加瓦蒂不守信用。按照普拉博沃阵营的逻辑，梅加瓦蒂提名佐科为民主斗争党的总统候选人，有违政治“道德”。

这份协议书在网上广为流传，民主斗争党竞选团队深受纷扰。民主斗争党出面解释说：对那份协议书不能断章取义，如果 2009 年总统竞选成功，那份协议书才生效；2009 年竞选失败，那么那份协议书也就跟着失效了。

普拉博沃辩驳说，如果要取消“君子协议”，事前应该好好跟他讲，怎么都不通知一声就私自行动？

民主斗争党的精英回击道，为什么普拉博沃在宣布佐科成为总统候选人之后，才拿出这份协议，事前不找民主斗争党商量？言下之意是说普拉博沃觉得不需要民主斗争党，那么也就不需要普拉博沃。

针对上述纷争，佐科保持沉默，没有公开回应。

其次，法律上的质疑。地方首长在任期内是否有资格竞选总统？这在印尼法律中还是一个灰色地带。而一些反对佐科竞选总统的人指出，佐科竞选总统违背了雅加达特区的相关法律，如果他执意参选，省议会有权弹劾他。这对佐科来说，无疑是一个挑战。

佐科的搭档、雅加达特区副省长钟万学公开力挺佐科竞选总统。他表示，佐科竞选总统与雅加达特区相关法律没有任何冲

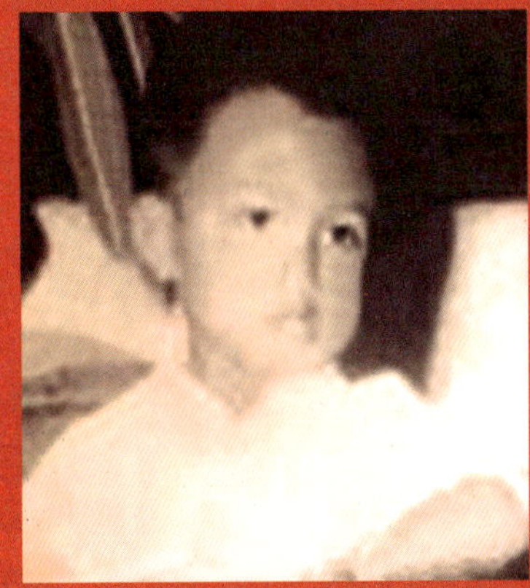

上：儿童时代的佐科

中：青年时代佐科与朋友登山

下：青年时代登山的佐科

时任雅加达特区省长佐科

佐科正在宣读总统誓词

总统就职仪式结束后，佐科总统在国家纪念碑前向支持者表示团结一切向前看

（此照片由 Antara Indonesia News Agency 提供）

佐科总统标准照

佐科总统
在 2014 年北京 APEC 工商领导人峰会上发表演讲

佐科总统
在 2014 年北京 APEC 期间与奥巴马总统举行双边会谈

佐科总统
在 2014 年北京 APEC 期间与普京总统举行双边会谈

突。钟万学认为："作为佐科的副手，我对他的任何决定都支持。任何政党，无论是谁，只要有心改善我们的国家，我都支持，何况，拥有良好政绩并得到检验的佐科，能够成为一位好总统，我应该支持他。"[4]

由于钟万学在雅加达拥有很高的"人气"，并且能力"超强"，钟万学在关键时刻的表态给了那些质疑佐科总统候选人资格的人重重一击。

五　选举争议　处变不惊

当2014年7月9日下午总统选举的投票活动结束之后，12家民意调查机构给出了快速统计结果，它们的调查存在严重的冲突与矛盾。有8家的快速统计结果显示，佐科—卡拉组合获胜，而另外4家则显示，普拉博沃—哈达组合获胜。"印尼总统选举闹出双胞胎"一时占据了各大国际主流媒体的显著位置。

在此背景下，印尼民意调查协会要求各个民意调查机构把统计资料交给协会审计小组复查。而报道普拉博沃赢得52.06%支持率的一家民意调查机构首先表态拒绝被审计，糟糕的是这家公司之前曾毛遂自荐要为佐科—卡拉阵营服务，因要价太高被卡拉拒绝，后来其报价单被公布在网上。印尼民意调查协会随后派人到该公司调查，结果被告知地址已搬迁，再三追问之下，他们说还没找到新的办事处，也不交快速统计资料给审计小组，该公司被印尼民意调查协会开除会员资格，佐科阵营要控告其行骗，结果该公司自行解散。另外3家民意调查公司也表示其结果可能错误，宣布报道作废。

7 月 22 日晚上，大选委员会正式宣布佐科—卡拉组合以 53.15% 的得票率获胜。在宣布大选结果当天，拥护普拉博沃阵营的民众走上街头，表示抗议。警方出动警员保护大选委员会办公楼，接着普拉博沃联盟政党上诉到宪法法庭，庭审期间多次扬言发动示威，甚至要发动万人大示威，还声称要霸占宪法法庭。

佐科则要求其拥护者不要示威，不要到宪法法庭，连平时用的总统竞选标志也不用了。

不仅如此，佐科还对普拉博沃阵营上诉到宪法法庭表示理解，认为这是他们的权利。

与此同时，佐科依旧履行雅加达特区省长的职责，没有受此事的影响。反而社会上一些拥护佐科的律师自发组织了“民主律师联盟”，随时准备为佐科可能遭到的“不公正”判决进行上诉并为之辩护。

最终，宪法法庭判决普拉博沃阵营的上诉证据不足，大选结果有效。随后，佐科禁止其团队和拥护者庆祝，并且公开发表演讲，称普拉博沃和哈达是他和卡拉的好朋友，展示大选后寻求团结的决心与意志。

为了表示诚意，佐科亲自到普拉博沃的办公室拜访，表达了抛弃前嫌向前看的愿望，并希望与其一起为印尼振兴而努力奋斗。

六　清廉内阁　专家治国

在佐科就职总统前后，他就和副总统卡拉开始着手组阁事宜。在最开始组阁的思路中，佐科和卡拉希望未来的内阁体现其对海洋、能源和教育等领域的重视，准备精简其他部门。但由于这样的改组涉及预算和一些硬件设施的改变，再加上国会正上演印尼辉煌联盟和红白联盟的争斗，无暇顾及政府这种大幅度的组阁变化，因此只得妥协，即在原来苏西诺总统内阁框架下，进行有限的改变。

首先，减少副部长和特别助理之类的职位。对于一些部门的副部长和特别助理的职位，原则上进行删减，除非工作特别需要。像外交部这样的特殊部门，还保留副部长职位。

其次，合并或重组一些部门。比如对海洋、渔业等部门进行整合，升格成海洋事务统筹部，改组人民福利统筹部，拆分教育部等。

根据佐科的行事风格，他的内阁取名为“工作内阁”，意思是能干、专业、清廉。在挑选内阁成员中，佐科坚持自己的原则。

第一，内阁成员必须通过清廉度审查。所有内阁成员都要申报自己的财产，并且要接受肃贪委员会的财产审查，看是否存在财产来历不明的情况。在最开始提交的40多人的内阁大名单中，肃贪委员会发现有多人财产来历不明，结果这些人被佐科弃用。第二，唯才是举。海洋渔业部部长苏西没有上过大学，有人称她连高中都没有念过，只读过初中。但她是一个成功的企业家，是苏西航空公司的创办人，在海洋运输方面拥有专长。佐科启用她，希望她在发展印尼海洋运输方面发挥其专长。第三，社会监督。佐科在组阁前，通过其志愿团体，将各个部长候选人的履历放在互联网上，接受社会各界的评价和监督，最后择优任用。

在34位内阁部长中，14位来自执政党推荐，其余20位则是来自各个领域的专家，真可谓“专家治国”。

在14位执政党成员部长中，属民主斗争党的有4位，民族复兴党4位，民族民主党3位，民心党2位，建设团结党1位。

在20位“专家”部长中，有的是大学校长，有的是经济学教授，有的是管理与规划专家，有的是企业家，也有的是职业外交家等。这些专家都有一技之长，在各个岗位上经历过实践和磨练，在某种程度上，他们是解决难题的“高手”。

内阁成员一经公布，立即受到了印尼社会各界的好评，股市和汇市也双双上扬。这表明印尼各界对佐科内阁寄予了厚望，希望他和他的团队能够带领印尼早日完成工业化目标，并实现印尼海洋强国的目标。

无论从哪个角度讲，佐科的竞选总统之路无疑书写了印尼现代政治的历史，开创了平民就任总统的历史。这可能是印尼所处的民主改革时代赋予佐科的使命，既崇高又艰巨。作为商界的“硬汉”、地方官员中的“工作狂”、“坚韧”的爪哇人，我们有理由相信佐科能承担“总统”这份重任。

第八章　海洋强国

印尼被称为“千岛之国”，实际上有 17000 多个岛屿，其领土只有约 30% 是陆地，另外 70% 是海洋，海岸线长达 81000 公里。

印尼的海上战略位置十分重要。 它扼守马六甲海峡，每天有约 3000 艘船只经过马六甲海峡航行在印度洋和太平洋之间。中国 80% 的进口原油经过马六甲海峡运输到国内。 印尼 90% 以上的国际贸易依靠海上运输。

在印尼领海和专属经济区内有大量渔业、油气和海上运输资源。 可开发的海洋资源包括四大类：渔业等可再生资源，石油、矿产等不可再生资源，潮汐能等可再生能源，以及旅游、教育、研究等服务业。 作为世界上最大的群岛国家，印尼海洋蕴含的经济潜力可以达到年均 12 万亿美元，然而目前已被开发的资源不足 10%。[1]

从印尼的领土构成、地理位置和发展潜力来看，海洋不愧是印尼未来的生命线。海洋对于印尼的国土安全和经济发展意义尤为深远。佐科早在竞选初期就清醒地认识到了这一点。他在 2014 年 5 月首次提出将印尼打造为“海洋强国”的战略蓝图。随着佐科一次次在公开场合的演讲，他的海洋强国行动路线图也越来越清晰。而且从 2014 年 10 月宣誓就任总统以来，佐科在具体的政策和实际行动中已经显示出他坚定的态度和果断的行动力。

一　海洋强国　文明枢纽

从一个中等城市的家具商人到梭罗市市长，再到雅加达特区省长，佐科在国际事务上的经验算不上丰富。缺乏外交经历甚至成为他竞选总统过程中令人担忧的软肋。事实却出人意料，佐科及其团队提出的建设海洋强国的计划获得了社会的广泛肯定和支持。从 2014 年 5 月开始准备竞选到 2014 年 11 月佐科以总统身份参加东盟峰会，随着他一次次在国内国际舞台上陈述他的海上宏愿，他的海洋强国实施计划越来越清晰、丰富。

海洋强国计划的孕育离不开佐科背后智囊团的集体智慧。佐科成为总统候选人后，梅加瓦蒂邀请著名反贪社会活动家特登（Teten Masduki）帮忙在学界寻找能人，为佐科组建智囊团，该智囊团又称“十一人团”。在这个知识精英团队中，印尼大学教授安迪（Andi Widjajanto）、战略与国际问题研究中心（CSIS）的亚历山大（Alexandra Retno Wulan）、印尼大学教授艾迪（Edy Prasetyono）在军事和国防政策方面都是印尼的顶尖专家。战略与国际问题研究中心的里扎尔（Rizal Sukma）是国际关系和政治学领域的专家，对中国和印尼的关系也颇有研究。他主张新的印尼外交战略应该走实用主义路线，更关注印尼的国家利益和经济利益。[2]他还主张印尼的眼光不应该被局限在东南亚或亚太，而应该放眼更广阔的世界舞台，“东盟确实重要，但是东盟并不是我们的唯一”。[3]这几位智囊对于塑造海洋强国计划的雏形功不可没。

佐科的海洋强国计划既有历史传承，又有理念上的创新突破。在核心思想上，他继承了印尼首位总统苏加诺提出的使印尼海军拥有“海上统帅精神”的国防现代化目标，又期望将这种航海精神从国土安全领域扩展到印尼社会的各个部门。在项目框架上，他从文化、经济到国防的全方位海洋战略继承了苏加诺提出的使民族和国家自主自立的“特里萨蒂”（Trisakti）思想，即经济自给自足、拥有完全的政治主权、在文化上发展民族特色。在海洋战略涉及的地理范围上，佐科提出将印尼建设为“全球海上轴心国家”，意味着他的战略目光已经超越了许久以来印尼关注的地理战略核心，即东南亚、亚洲和太平洋。在这一点上，他继承了印尼首位副总统哈达对印尼的战略地理定位，即印尼是处于“两大洲和两大洋之间”的国家，这意味着佐科将把印尼打造成影响力遍及太平洋和印度洋的世界海洋强国。

2014年5月，佐科的竞选团队发布了一份名为《愿景与任务》的竞选声明，提出未来工作的九大愿景，主要目标是实现印尼首任总统苏加诺提出的“特里萨蒂”概念：通过全面改革使印尼巩固政治主权，在经济上自立繁荣，并具有自己的个性和文化。其九大愿景的第一条就是通过独立积极的外交政策，在维护国家利益的原则上建设综合性的国防，增强印尼作为群岛国家的身份。

报告中列出了一系列外交工作的重点，包括：①加强印尼作为群岛国家的身份认同；②加强印尼作为中等强国的全球定位；③扩展印尼在印度洋和太平洋的角色；④进一步改革外交部门以强调经济外交。报告首次以成文的形式明确提出了建立海洋强国的外交目标。

在 2014 年 6 月 22 日的总统竞选辩论中，佐科提出印尼应该成为“全球海上轴心”。围绕建立“全球海上轴心”的口号，佐科的外交事务团队提出了若干可行的政策建议，例如在 2015 年印尼任印度洋协会主席国时，将年会升级为领导人峰会，将该会议打造成为“印度洋的 APEC 峰会”。

2014 年 7 月 22 日，确认在总统大选中获胜后，佐科在雅加达巽他格拉巴港口的演讲中重申了“将印尼建成全球海上轴心，全球文明枢纽”[4]的愿景。

2014 年 10 月 20 日，佐科正式宣誓就任第七位印尼总统后，在国会发表了十分钟的简短演讲。佐科表示，印尼很长时间以来没有将海洋事务提上重要日程。他引用了印尼海军的宗旨“纵横四海”（Jalesveva Jayamahe），重申“我们将努力工作，使印尼再次成为一个海洋国家。大洋、海域、海峡和海湾是我们文明的未来”。

二　海洋战略　五大支柱

2014 年 11 月 13 日，佐科在缅甸首都内比都举行的东盟峰会上详细阐述了印尼成为“世界海上轴心”（Poros Maritm Dunia）的五个支点。第一，复兴海洋文化。“印尼是由 17000 个岛屿组成的国家，必须认识到其地位、繁荣和前途的重点在于如何治理海洋。”佐科如是说。第二，保护和经营海洋资源。通过建设鱼类海产工业，重塑粮食主权。这一点将视渔民的利益为主要支柱。第三，优先发展海上交通基础设施。建设海上快速通道、深海港并发展航运业和海洋旅游业。第四，进行海上外交。为此，佐科敦促周边国家尽快解决海上冲突，如非法捕鱼、侵犯领海主权、边界纠纷和海洋污染等。“海洋应该使我们团结起来，而不是分隔我们。”佐科说。第五，提升海上防御能力。他提出，建立海上防御能力是维护海上主权、保护和开发海洋资源的根本保障。

（一）复兴海洋文化

佐科不仅将复兴海洋文化看作印尼未来安定、繁荣的必经之路，而且他希望在印尼社会中培育一种不惧困难、乘风破浪的“航海精神”。在国会发表的就职演说中，佐科呼吁“我们必须有海上统帅和航海者的精神，有勇气乘风破浪”，“我邀请所有印尼人民一同乘坐印尼这艘大船，一同驶向更加繁荣的印尼。我们将努力扬帆。我们将用自己的力量跨越所有风浪”。

佐科所讲的“海上统帅精神”（jiwa cakrapatih samudra）并

非他最先创造的。印尼第一任总统苏加诺最早使用这个词，然而这个词体现的航海精神早已经存在于印尼古代的航海文明中。

印尼古代曾经拥有辉煌的航海历史。室利佛逝（684～1377）和麻若巴歇（1251～1459）曾经是著名的航海王国，拥有强大的海上力量。在14世纪和15世纪初，印尼海域周围有5条重要海上商道。[5]然而在殖民时期，在殖民者对印尼陆上自然资源的经济剥削和对海港的严密控制之下，印尼社会对国土关注的焦点也从海洋逐渐转向了陆地，淡忘了曾经引以为豪的航海精神。印尼著名海洋法专家哈西姆（Hasjim Djalal）说："印尼过去善于利用海洋空间和资源，印尼人曾经漂洋过海，定居在马达加斯加、占婆和台湾，甚至南太平洋遥远的岛屿上。"[6]印尼著名左翼文学家普拉姆迪亚·阿南达·杜尔纵观历史，指出印尼古代王国的兴衰系于如何认识和管理海域，"印尼历代王国的衰落，尤其是爪哇岛上的王国，皆因为统治者疏离了海洋"。

印尼在1945年宣布独立后，领土和主权仍被殖民主义国家觊觎。对于海上力量对维护国家主权和领土完整的重要性，苏加诺有着深刻的体会。1951年他在东爪哇泗水海军基地发表演讲说："努力使我们再次成为航海者……成为广义上的航海国家，而不仅仅是海上的船员，绝不是！而是作为海上统帅的航海之国，拥有商业船队的航海之国，拥有军事舰艇的航海之国，在大洋上乘风破浪的航海之国。"

苏加诺时期印尼对海洋重拾关注与当时争取印尼领土领海统一和捍卫主权的努力紧密相关。从1939年荷印政府颁布《领海与海洋环境条例》以来，印尼的领海只限于海岸基线3海里以内，这意味着各国船只都可以自由在印尼领土周围的海域航行。1957 年 12 月 13 日，印尼总理朱安达 · 卡塔维查亚发表了著名的《朱安达宣言》，声明印尼是一个群岛国家，印尼各个岛屿之间的海域全部属于印尼领海，海岸基线以内 12 海里的水域都是印尼领海。该宣言受到美国、荷兰等国家的不满和攻击。尽管如此，1960 年印尼还是以国内法律形式确认了宣言的有效性。经过多年的斡旋，1982 年《联合国海洋法公约》承认了印尼的主张，此后印尼的领土从 2027078 平方公里增长到了 5193250 平方公里。

1960 年，苏加诺在组建内阁时建立了海事局和海事协调部。在海事协调部下设有交通部、海洋管理和渔业部及海洋产业部。然而这一建制并没有在新秩序时期保留下来。在第二任总统苏哈托的建设蓝图中，农业处于经济发展的核心位置，以爪哇岛为代表的主要岛屿的发展成为政府治理的焦点，而海洋事业则退居次要地位。发展重心的转变也体现在行政建制上。海事协调部被撤销，1972 年成立的印尼海洋安全协调委员会（Bakorkamla）成为管理海洋安全和海上巡逻的负责部门。尽管 2005 年在苏西洛总统的指导下，海洋安全协调委员会的地位得到了加强，但是海洋在安全和经济上扮演的角色仍没有达到其应有的地位。

我们可以看到，苏加诺的振兴海洋计划是在印尼刚刚建立，主权和领土受到威胁的情况下提出的，因此局限在国防和安全的架构之下。苏哈托时期发展重心转移到陆地上，缺乏明确的海洋计划。改革时期，瓦希德和梅加瓦蒂在任时间短，无暇提出振兴海洋的计划。苏西洛第一任期忙于印尼民主制度的巩固和深化，保障了国家和社会的平稳运行。然而令人惋惜的是，连任后的五年他在海洋发展方面也建树不大。因此，佐科提出的海洋强国计划可以说是既吸收了前人思想之大成，更有自己的创新和思路，是印尼历史上首次出现的概念清晰、内容全面的振兴海洋整体计划。

佐科海洋强国五项支柱的第一条提出要复兴海洋文化。何谓海洋文化？日惹特区省长认为，海洋文化是一种理性创新的思维模式。他回顾历史，指出在殖民主义的经济发展模式影响下，印尼人不再热心征服大海。他们的性格变得娇气、容易满足。在全球化和现代化的当今社会，自然表现出热衷消费，缺少斗志。国外产品在印尼畅销，印尼本土却缺乏创新的动力。

上述印尼人对海洋的态度折射出一种社会心态的转变。对此，海洋法专家哈西姆（Hasjim Djalal）认为，印尼社会的心态转变有七种表现：从长远思维变为短期思维；从理想主义变为物质主义；从深刻、根本的思维方式变成狭隘、片面的思维方式；从外向型思维变为内向型思维；从集体主义变成个体主义；从民族主义变成狭隘的地区主义；从实质正义变为程序正义。[7]

如何改变印尼人的社会心态从而引导印尼人恢复海洋意识，一向对海洋文化关注的日意特区省长认为，应该以史为镜，“印尼需要立即制定明智而有创造力的目标和战略，跳出传统农业的思维桎梏，树立理性、有洞见的海洋思维”。具体措施包括：①弘扬印尼古代光辉的航海史，在印尼青年一代中提倡勇敢和创新的航海精神；②恢复“蓝水海军”的指导性纲领；③反思以农业文明为核心的爪哇文化的中心地位，复兴印尼各民族文化，尤其以马来文化为代表的海洋民族文化。[8]

如何复兴海洋文化？ 佐科认为要进行“思想革命”，首先要在日常生活的点点滴滴中改变习惯和思维模式，例如从饮食上增加鱼类在三餐中的比例。 这不仅是为了提高印尼渔业产量，也是从思想上进行的革命：如果渔业在印尼民众日常生活中的影响越来越大，那么人们对非法捕鱼、海洋污染等问题会变得更敏感，政府打击非法行动的力度也会更大。

其次，还要在学校和社会中加强海洋精神的教育和宣传，在高等教育机构中促进海洋产业的技术研发，增强政府部门和社会对海洋法和相关规定的理解。 这需要学术界、公民社会和传媒界的共同努力。 不久前，印尼已经与法国达成建设东加里曼丹海洋技术园区的合作意向，[9]也与荷兰莱顿大学达成了印尼海洋历史和文化研究的合作。[10]印尼和其他国家的积极行动或许对中国与印尼进行全面的海上合作有所启迪。

最后，要提高渔民的经济和社会地位，特别是提升渔民的教育水平和职业技术水平。 目前大部分印尼渔民教育水平很低，有的甚至没有完成小学教育，这导致他们没有能力安全和有效地操作船只和机械，因此阻碍了印尼渔业技术和设备的更新换代，也阻碍了渔民的脱贫和向上流动。 未来，印尼需要针对渔民完善基础教育和职业教育。[11]目前印尼已经就海洋产业职业教育与荷兰达成了合作意向。[12]

（二）保护和经营海洋资源

保护和经营海洋资源是海洋强国蓝图中“向内看”的核心内

容。开发和利用海洋资源已成为佐科政府加快和扩展印尼经济建设总计划（MP3EI）的新支点。该计划的目标是增加印尼GDP和人均收入，在2025年前使印尼进入发达国家行列。

为了顺利实施这一计划，佐科采用了三种策略，即调整行政部门架构，积极推动立法，主动与地方政府沟通合作。

首先，佐科对行政部门结构和人员进行了有针对性的调整。他恢复了海事统筹部部长这一职位，协调下属四个部门即海洋和渔业部、交通部、能源和矿产资源部及旅游部的工作。任命因德罗约诺（Indroyono Soesilo）为海事统筹部部长。因德罗约诺是一名技术官僚，是遥感技术方面的专家，此前任海洋和渔业研究局局长。另一位值得一提的部长是海洋和渔业部部长苏西。她是一名成功的女商人，拥有一家海产品出口公司和航空公司。成为佐科内阁八名女性部长中的一员后，苏西辞去了在公司中的一切职务，专心做好部长工作。她上任前，因为从未担任过政府职务，外界有不少质疑她能力的声音，[13]但是她上任后打击非法捕鱼、保护渔民权益的一系列行动为她赢得了良好的社会声誉。在2015年1月中旬印尼调研机构（LSI）举办的民众调查中，苏西获得了61%的支持率，远远高于其他部长的支持率。

除了对行政架构进行调整以外，2014年9月通过的《海洋法》成为佐科进行海洋资源开发的法律基础。这是印尼建国后通过的首部海洋法。该项法律从瓦希德任总统时期就已经提出了，但是因为立法程序出现问题，经过十几年时间才得以通过。该项法律在佐科上任不久前得以通过，其意义尤其重要：第一，该法律确认了印尼作为群岛国家的定位，这与佐科在海洋强国蓝图中对印尼的定位相同；第二，该法律意味着印尼立法部门和行政部门已经充分认识到海洋蕴含的经济资源和文化潜力。[14]

最后，佐科充分认识到要实现目标，中央必须与县级地方自治单位达成理解和合作，这是因为在印尼地方自治的背景下，中央政府只保留对国防、外交、立法、宗教、货币和金融的管辖权，其他领域事项由县级政府及其议会决定。 为了使地方海洋开发项目协调一致和顺利实施，佐科已经召集了爪哇和马鲁古的102 位县长，就岛屿间互联互通、非法捕鱼和保护渔民等问题进行了沟通。[15]亲力亲为是佐科任梭罗市市长和雅加达特区省长多年来的一贯作风，也是他擅长的工作方式。 在印尼极其分散的地方自治背景下，这种方式或许是最有效率的。

在海洋资源开发计划中，渔业、能源业和旅游业是三个主要方向。

1. 渔业

印尼每年渔业产量可以达到6000 万吨。[16]如果潜力完全被挖掘，印尼将拥有世界上最大的渔业部门，成为最大的新鲜鱼类和罐装鱼类出口国。[17]

目前印尼面对的任务是对渔业进行宏观调控：①打击某些地区过度捕捞和非法捕捞；②改善渔民的生存条件，保护渔民权益；③吸引私营部门对渔业进行投资。

第一，过度捕捞和非法捕鱼问题在印尼某些地区极其猖獗。渔业总司鱼类资源主任托尼（Toni Ruchimat）表示，过度捕捞自2011 年已经发生，每年过度捕捞超过500 万吨，到2014 年总计将超过2000 万吨。 在11 个渔业管理区域中，印尼西部地区是严重的过度捕捞区。[18] 佐科表示，非法捕鱼每年让印尼蒙受 242 亿美元的损失。目前海洋和渔业部只有 25 条巡逻船和 64 只快船用于巡逻和抓捕非法捕鱼船只。从 2005 年到 2012 年 5 月，共扣押 1212 条非法捕鱼船只，[19] 但是目前在印尼海域还有多达 5400 艘外国渔船非法捕鱼，[20] 而且至少 1/4 从事非法捕捞的国外渔船是与印尼国内人员共谋的。

针对过度捕捞和非法渔船问题，在过去几个月，新任海洋和渔业部部长苏西已经展示了坚定的决心并采取了果断的行动，获得了佐科政府的支持和民众的肯定。2015 年 1 月 7 日，在第五届瓦希德纪念日晚宴上，苏西表示："为了实现渔业可持续开发，应在某些区域限制捕鱼。以后，捕鱼只能在离海岸 4 海里外区域进行，4 海里内作为保护和旅游区，不允许捕鱼活动。"鼓励渔民在 4～12 海里区域捕鱼，并计划只允许 200 总吨以下的船只在该区域内作业。[21] 苏西还下令禁止在海上转运渔产、暂停大船捕鱼等。

最近几个月印尼在打击非法捕鱼上使出重拳，不仅加强了对非法捕鱼的巡逻力度，而且扣押甚至炸沉了邻国非法捕鱼船只。截至 2014 年 12 月 20 日，印尼共炸沉了 30 艘越南、马来西亚等国家的渔船，引起了周边国家的震惊。[22] [23] 这一铁腕举措受到了印尼民众的赞赏。

第二，佐科表示将采取切实措施保护渔民权益，提高渔民收入。在 2014 年亚太经合组织峰会上，他表示将削减燃油补贴，节省下来的预算从消费性支出转移到生产性支出上，其中包括为渔船提供引擎和冷库，从而提高渔民的劳动所得。[24] 最近，海洋和渔业部部长苏西表示将禁止在近海捕鱼区进行矿产开发，以保护渔民的权益；[25]与能源矿产部合作，免费帮助渔民升级能源，使其从使用柴油、汽油改为使用天然气。[26]

这些脚踏实地的措施对渔民是好消息，但是可能引发其他产业投资者的不满。另外，渔民希望看到佐科政府能整合提升渔民整体收入和竞争力的各个分散措施出台一个纲领性的方案。

第三，印尼国内渔业缺乏资金支持。银行不愿意贷款给渔业公司。一些渔业公司向银行申请购买渔船所需的贷款，结果空手而归。[27]发展渔业部门需要政策杠杆进行激励，调动私营部门和金融部门展开合作。

2. 海洋能源

印尼的油气资源有60%蕴藏在海洋上。除了油气资源以外，潮汐能等可再生海洋能源也潜力巨大。根据技术评估和应用局（BPPT）的报告，洋流能可以转换为电力。如果妥善开发利用的话，新的油气资源勘探和可再生资源的开发将使印尼成为一个与众不同的海洋能源国家。海洋能源不仅可以供印尼本国使用，而且可以提供给周边地区。

目前佐科政府还没有在开发海洋能源方面签下引人注目的大单，但是继2014年通过海洋法后，目前国会正在考虑制定新的法律规范公海的能源管理和开发，[28]可见佐科政府对开发海洋能源非常有兴趣，相信中长期印尼可以走出资金、技术和人力资源缺乏的困境，在海洋新能源开发领域与其他国家达成引人注目的合作。

3. 旅游业

印尼拥有17000多个岛屿，拥有巨大的海洋旅游潜力。印尼的岛屿旅游开发潜力达每年4兆印尼盾（约合19亿元人民币）。[29]然而已经开发成为旅游目的地的岛屿屈指可数。目前印尼每年接待游客只有880万人次，而邻国马来西亚每年接待游客2570万人次，泰国2660万人次。印尼旅游业仍然缺乏行政部门的有效治理、法律的支持和开发资金。

印尼新政府还没有就开发海洋旅游形成整体规划。佐科表示，为了开发旅游业潜力需要形成清晰的路线图和战略。[30]副总统卡拉在2015年2月召集五位部长商讨旅游业开发，并表示需要尽快完成三个步骤：确定旅游业发展目标、宣传旅游目的地和建设旅游目的地。为此，对旅游部的预算进行了调整，2015年用于宣传旅游业的预算已经从3000亿印尼盾增长到了1.2兆印尼盾。[31]

虽然还缺乏统一的发展蓝图，但是旅游部门目前正在进行多方面的拓展和尝试。①开拓中东、欧洲等新市场，而不仅仅从澳大利亚、东盟和东亚等传统市场吸引更多游客。这不仅是为了提高旅游业收入，也是为了分散旅游业收益来源，以减少旅游业年收入受到突发事件的影响。例如2015年初，印尼决定处决两名澳大利亚毒贩，遭到澳大利亚国内的强烈反对。澳大利亚外长威胁说，将禁止澳大利亚游客到印尼旅游。[32]为了实现多元化游客来源的目标，印尼正在利用庞大的穆斯林人口和伊斯兰文化吸引中东游客。②与邻国旅游部门合作打造跨国旅游线路，形成旅游业的区域集成效应。目前已经形成泰国普吉岛—

印尼巴厘岛项目和泰国—印尼佛教主题旅游线路。③通过简化入境程序、减免签证费等手段吸引游客。从2015年起，印尼免除了澳大利亚、日本、俄罗斯、韩国和中国等国家旅游落地签签证费。印尼政府希望通过这一举措，每年多吸引50万游客来印尼。据估计，每位游客来印尼后平均约消费1200美元，减去损失的签证费，印尼旅游业将增加5.4亿美元的收入。[33]旅游部还计划对中国、日本、韩国和俄罗斯游客实行免签政策。[34]另外印尼已经简化了国际游艇入境的手续。[35]

（三）建设海上基础设施

建立海上基础设施的重点首先是印尼国内各主要岛屿的互联互通工程和近海基础设施，如海上高速公路、深海港、航运业和海洋旅游业等。因为缺乏连接岛屿的海上交通枢纽，印尼东部的一些岛屿，如马鲁古和北马鲁古，还处在相对自给自足的半孤立状态下，没有从全国生产和分配中受益。[36]印尼的诸海港也设施陈旧且运费高昂，限制了进出口吞吐量的增长。一份世界银行的报告称，从印尼巴东港运输一集装箱到雅加达的价格是从雅加达运输到新加坡的价格的3倍多。[37]可见印尼尚未将广阔的领海优势变成便利的商业运输通路。

连通岛屿在印尼并不是全新的概念，早在2003年的国防白皮书中就已被提出，2008年的国防白皮书进一步阐释了这一目标。在佐科的海洋强国战略中，连通岛屿已成为海上基础设施建设最紧迫的任务。

2014年，在北京举办的亚太经合组织工商领导人峰会上，佐科对企业领导者表示，在未来五年，印尼希望在苏门答腊、加里曼丹、爪哇、苏拉威西、马鲁古和巴布亚建成 24 个海港和深海港，并扩建现有港口，如在 2017 年前将完成雅加达丹戎不碌港（Tanjung Priok）扩容，届时年吞吐量将从 360 万标准箱增长到 1500 万标准箱。除了建设海港，他还提出在印尼海域建设自西向东的海上高速公路，主线船和短途运输船皆可通过，使海上运输更便捷，成本更低廉。

目前印尼即将完成的连通诸岛项目包括三条海上渡船线路，即北、中、南三条带状群岛链。南部线已在 2013 年最先建成，连接了 16 座岛屿，覆盖了海上 1600 海里水域和陆上 5330 公里道路。中部线在 2014 年底完成，北部线即将在 2015 年底前竣工。然而此项目仅仅是连通诸岛的起点，因为渡船的装载量和频次还不能满足大规模运输的需要。

然而只靠印尼国内的资金不足以支持各项基础设施的建设。目前印尼已经提出许多有前景的海上基础设施建设项目，但是资金缺口很大，计划难以启动。例如，海事统筹部部长在 2015 年 2 月 6 日宣布将在全国兴建 100 座海洋科技园区，每座园区需要资金 10 亿～100 亿印尼盾。

缺少资金一部分原因在于印尼的法律、行政条例限制和国企的垄断。在分权制下，县级自治单位不能直接从国外资本市场融资，只能通过国内金融机构借贷，而印尼国内金融机构的资金缺口极大。利润丰厚的港口部门被印尼港口公司（Pelindo）垄断，导致港口部门缺乏竞争，服务落后，建设进度慢。[38]

为此，佐科邀请各国政府和企业界支持印尼基础设施建设。

“这是提供给你们的机遇。”他说。[39]目前印尼正在讨论国外私营资本直接投资给县级政府，支持基础设施建设的实施办法和法律。在与国外政府合作为建设筹资方面，佐科认为他的海洋强国蓝图与中国提出的“一带一路”和“海上丝绸之路”的愿景恰好吻合。佐科表示：“印尼正在努力建设海洋强国，而中国提出建设21世纪的海上丝绸之路，这两项提议高度契合。”[40]2014年8月，佐科对日本外相表示，希望日本帮助印尼发展海洋部门和进行深海港等基础设施建设。日本外相表示会给予支持。[41]在2014年缅甸举行的东盟峰会上，佐科呼吁东盟各国优先进行东盟互联互通规划中的海上基础设施建设。外长蕾特诺（Retno Marsudi）表示，印尼将率先和其他海上力量和群岛国家合作，推广海上轴心的概念。[42]

（四）活跃海洋外交

出身平凡、心系百姓福祉的佐科倾向于将自己定位为一个国内改革者。他认为，外交战略的最终目的应该是加速国家建设和提高人民生活水平，向外看最终还是为了促进国内发展。在实用主义的外交框架中，保障国家领土安全和主权完整、维护地区和平与秩序自然成为佐科海洋外交战略中的两大核心目标。

与其他部门的情况相似，佐科政府尚未在海洋强国蓝图中制定详细的外交战略。从目前佐科和印尼外交部的动向来看，在双边外交方面，印尼政府正在着手解决海洋边界划界问题，并采用强硬手段强化海洋权益；在地区外交方面，佐科表示愿意成为南海问题的调解人，维护地区和平。

1. 解决海洋边界划界问题

不论是出于安全考虑还是经济发展考虑，佐科政府最紧迫的外交任务自然是尽快解决与别国的海上划界分歧，以顺利推动海上资源开发，助力国内发展。

目前，印尼在以下海域尚未与邻国确定界限：[43]

（1）领海：在苏拉威西海尚未与马来西亚和菲律宾确定领海界限，与东帝汶尚未确定领海界限；

（2）毗连区：印尼国内尚未有法律规定，与邻国未有协定；

（3）专属经济区：尚未与印度、泰国、马来西亚、帕劳和越南确定界限；

（4）大陆架：尚未与菲律宾达成协议。

不可避免的，解决海上领土、领海和专属经济区争议也直接牵涉别国的国家利益，对于任何政府来说都是非常棘手的难题。从宣誓就任总统起，佐科就表现出果断的态度。蕾特诺在2014年10月接任外长后的首次公开讲话中表示，印尼将尽快就争议领土、领海问题进行谈判，并表达了坚定的立场。她说："坚定和决断并不意味着有冲突。我会努力不卷入冲突，最重要的是我们能够实现目标。"[44]

佐科已经提出就与马来西亚的争议领海划界问题启动谈判。印尼和马来西亚的海上边界纠纷集中在加里曼丹岛东北部的苏拉威西海。这片海域蕴藏着丰富的油气资源。2015年2月6日，佐科总统会见马来西亚总理纳吉布时坦诚地说，印马两国一直在拖延海上边界争议谈判，这些年来谈判一直没有进展。佐科主动提出两国应尽快建立新的协商机制，以解决长期影响双边外交关系的领海边界问题。[45] 佐科的想法得到了纳吉布的支持。两国已经同意先派出特使进行解释性的交涉。

佐科在 2015 年 2 月访问菲律宾时提出解决两国大陆架划界问题，以及确定两国巡逻区域。[46] 2014 年 5 月，在进行了 20 年的艰苦努力后，印尼和菲律宾终于和平解决了专属经济区划界问题。佐科希望趁热打铁解决余下的领海划界问题。

而印尼与新加坡、马来西亚两国共同的领海边界争议还需新加坡、马来西亚先解决其边界问题之后才能讨论，或者三国共同商议。[47]

2. 强化海洋权益保护

印尼海洋面积广阔，由于巡逻和监管能力不足，其领土主权和海洋权益经常受到其他方面的侵犯。印尼前防长尤沃诺（Juwono Sudarsono）表示，非法越境船只每年为印尼造成 2000 万美元的损失。[48] 印尼曾多次就马来西亚和澳大利亚军队跨越边界闯入印尼领海表示不满。

佐科通过警示和合作的方法强化本国海洋权益保护。一方面，他对别国非法侵入印尼领海的行动展示了强硬的态度。2014 年 10 月 18 日，佐科对澳大利亚总理托尼 · 阿伯特表示，2013 年，澳大利亚海军曾经五次在没有得到允许的情况下擅自驶入印尼海域，他决不允许澳大利亚海军再非法进入印尼海域。在维护国家领土和主权方面，他会比普拉博沃更加强硬。[49] 另一方面，佐科积极寻求与其他国家合作，打击非法捕鱼，保护海洋环境。在菲律宾访问时，佐科表示将继续与菲律宾在“珊瑚大三角倡议”框架下合作，保护海洋生物资源，维护世界上最大的海洋生态保护区。“珊瑚大三角珊瑚礁、渔场及粮食安全行动计划”（Coral Triangle Initiative on Coral Reefs，Fisheries and Food Security）在2007年由印度尼西亚、马来西亚、巴布亚新几内亚、菲律宾、所罗门群岛和东帝汶共同发起，旨在恢复海洋生物多样性，在保护环境的前提下提高渔场产量，保障粮食安全。

3. 维护南海和平

东南亚海上领土和领海纠纷主要集中在南海地区，即中国与越南、菲律宾、马来西亚等周边国家的南海岛礁主权争议，以及东盟国家之间的边界和领土纠纷，如新加坡与马来西亚针对白礁岛主权、菲律宾和马来西亚针对沙巴地区的领土纠纷等。

印尼在南海问题的解决中能起到关键作用，这是由它的特殊地位决定的。第一，印尼在东盟中举足轻重，可以被称为“非正式的领导者”。第二，印尼不是南海争议领土的声索国。第三，印尼对地区和国际事务一贯持中立态度。[50]这三条使得印尼一直被各国看好，认为它是解决南海问题的重要力量。佐科多次表示愿意为解决南海问题担任“真诚的中间人”。[51]在2014年东盟峰会上，他重申了印尼对南海问题的一贯态度，即履行《南海各方行为宣言》，并支持尽快通过协商的方式达成《南海行为准则》。

佐科上任后展现的果断坚定的外交风格令人颇感意外，可以看出，他对实现海洋强国蓝图的顺序和优先级有非常明确的认识。从解决边界争议问题入手，说明他的海洋计划具有超越其五年总统任期的宏大和长远的战略构思。就与马来西亚的初步接触情况来看，双方达成寻求协商合作的态度非常迅速和顺利，但是目前解决问题的方式——互派特使进行解释性商议——并未看出比过去的办法有实质性进步。人们期待未来佐科能在他高素质外交团队和顾问的协助下，在解决边界争议方面发挥他坚决、有韧性和行动力强的优势。

（五）提升海上防御能力

1965 年 8 月 17 日通过的“先进武器至上主义”是印尼海军最早的纲领性文件，其指出印尼海军的目标是建成一支“蓝水海军”，具备完全保护印尼商船的能力，不论是在其领海还是公海上。然而该文件被 1988 年“四项策略一个目标”和 1994 年“六项双重义务精神”两个纲领性文件取代后，印尼海军的建设目标变得不再清晰。[52]

在新秩序时期，印尼陆上军事力量获得的支持远远超过海军和空军。印尼陆军不仅在政治上成为苏哈托政权的强大支撑力量，在行政上形成了从中央到地方的网络，而且在经济领域掌握着优先开发权。即使在改革时期，苏西洛总统对军队下属企业进行了整改，但是改革并不彻底，目前陆军建立的军工企业在地方仍然具有强大的经济实力。

当下印尼面对的任务与世界格局已经与旧秩序和新秩序时期相当不同，印尼不再受到殖民主义反攻的困扰；通过公投解决了东帝汶的归属问题；经过 13 年地方分权的实践，印尼巩固了国家的完整和统一，1999～2003 年严重的族群冲突再没有重演，2005 年通过《赫尔辛基协议》解决了亚齐分离主义问题，针对巴布亚分离主义的协商也在向好的方向发展。目前印尼的国内陆上安全问题已经不是国土安全的主要威胁；而海上安全问题，如海盗、非法捕鱼、海洋环境污染、海上救援等，已成为当前印尼需要关注的最紧迫的安全问题。

印尼是东南亚人口最多、国土面积最大的国家，但是印尼的国防开支在东南亚一直排在倒数几位。由于之前以陆军为发展中心的国防政策，印尼海上国防装备和技术陈旧，亟待更新。2014 年四架无人机进入印尼境内未被及时发现，说明印尼的情报、监视和侦察能力非常有限。[53] 目前印尼海警只有约 120 艘海警船，意味着每艘船要负责 50000 平方公里的海域。在 2004 年亚齐海啸救援中，当美国和澳大利亚使用航空母舰和其他舰艇向印尼输送物资和实施救援时，印尼海军只能沦为旁观者。这让曾是军队将领的苏西洛总统倍感耻辱。2005 年，苏西洛政府推出 2005～2024 年建设“最小必要军力”（MEF）的军队现代化计划，重点是发展空军和海军力量。尽管在苏西洛任总统时期，随着印尼经济高速发展，国防经费的绝对值增长很快，从俄罗斯、美国、德国等国家进口了舰艇和战斗机，但是由于军费开支基数太低，军费增长率低，直到 2013 年国防预算占 GDP 的百分比仍不到 1%，显然不能满足印尼军队现代化的需要。

针对印尼国防力量，尤其是海军发展落后的现状，佐科在 2014 年 5 月的竞选宣言中提出将印尼海军建设为东亚人所尊重的地区海事力量。[54] 他还提出将长期规划建设“一体化的三维防御系统”，细节尚未透露。[55]佐科表示，印尼海军力量增长的主要目的是保护国际航道，是以防御，而不是以进攻为目的；[56]印尼建设海军并不意味着对周边国家造成威胁，也不意味着将与中国在海上形成对抗。[57]

目前正在实施的措施包括继续扩大军费预算。现在印尼军费预算占 GDP 的 0.8%。佐科表示，如果经济增速达到 7%，军费将扩大至 GDP 的 1.5%。[58]在海洋信息搜集和监控方面，印尼已经与荷兰达成了合作，荷兰将为印尼提供集成信息技术系统以监控其领海建设活动。[59]

在建设海洋强国蓝图中，增强海上军事能力可能是所有目标中较难实现的一项。首先，增强海上军事能力需要军队、警察、情报部门协同合力，而印尼军种之间、军队与警察之间的竞争和矛盾使部门间协同合作的目标难以达成。第二，提高军费预算的方案不一定能在国会获得通过。佐科需要在国会中寻找更多的支持者。第三，赋予海军、海关、警察等部门更多的预算和权力的同时也会带来更大的寻租和贪腐的可能性，仅靠肃贪署的努力无法从制度上根除腐败问题。[60]

三　克服障碍　深耕两洋

与印尼从前的海上发展计划不同，佐科的海洋强国战略有两个特点：第一是相比国防力量建设，佐科更倾向于海洋经济潜力开发；[61]第二是提升了印尼在世界版图中的位置，从过去以东南亚—亚洲—太平洋为核心的总体发展战略扩展到横跨印度洋和太平洋两大洋。

要成功实施海洋强国计划，有若干任务是佐科政府亟须完成的。

第一，进一步细化海洋强国蓝图。目前这一战略在外交、基础设施建设、旅游等领域还仅仅停留在概念层面，需要总统与内阁进一步商议，策划具体的项目，理清长远规划和具体项目之间的结构关系，并制订可量化的目标和时间表。基于总统一届任期只有五年的保守估计，佐科无论如何无法实现他宏大的海洋计划，因此应该在长远规划和短期可见成效的项目之间寻求平衡。

第二，佐科需要国内政治力量的支持，尤其是国会的支持。佐科派系在国会是少数派，从一开始他就处于劣势。而近期肃贪署和警方之间再起风波又使佐科与斗争民主党之间的合作关系亮起了黄灯。不论佐科接下来有何计划，修补与其支持阵线之间的关系，说服国会中的反对派是发展规划得以顺利实施的前提条件。

第三，谨慎处理与邻国之间的关系。近期佐科在治理非法捕鱼和保护领海方面显示出了坚定的决心，受到了印尼民众的肯定，但是不免对印尼与马来西亚等周边国家间的关系有负面影响。同时，佐科又显示出尽快解决领海边界问题、请求邻国投资印尼基础设施等合作性意愿。如何同时处理好这些问题对佐科的外交智慧是重大考验，或者他需要理清这些任务的轻重缓急。

第四，佐科计划将印尼塑造为全球海上轴心国家，但是在目前的行动计划中，促进国内海洋资源开发和国内经济发展几乎占据了全部内容，印尼还应该思考何为真正的全球海上轴心国家，哪些国家将与印尼一道成为“海上轴心”，如何为维护海洋环境、保卫航道、维护海上公共基础设施及打击海上走私、贩卖人口等全球性事务提供公共产品。

第九章　直面挑战

在总统竞选中，佐科一再强调，印尼需要一场思想革命。他认为，印尼的改革很多停留在表面，没有触及问题的深处，比如腐败、懒政等，只有改变官员和普通民众的思想，才能从根本上扭转社会风气，保护国家发展成果。佐科希望通过“思想革命”来应对挑战的想法表明，印尼的各种挑战是长期的、复杂的，需要“标本兼治”。

未来5～10年，印尼面临着复杂的国际和国内局势。这种复杂的国际、国内形势直接影响佐科总统未来5～10年的施政。佐科是一个现实主义者，也是一位实干家。自从成立内阁的那一天起，佐科就对未来充满信心，他要求全体内阁成员直面各种挑战和问题，拼命工作，丝毫不惧任何困难与风险。

一　尊重对手　真诚对话

大选后，印尼形成了“朝小野大”的政治困局，即在国会里支持佐科政府的四党联盟（印尼辉煌联盟），该联盟在560个国会议席中，仅占207席（占36.96%席位），而反对党六党联盟（红白联盟）占有353席位（占63.04%席位）。国会和人民协商会议的领导层也都被红白联盟所占据。面对这样的政治困局，佐科总统采取“以柔克刚”的方式，逐步化解朝野矛盾。

首先，尊重对手。在国会对立两派为领导层产生打得不可开交时，佐科第一时间打电话祝贺对方当选国会领导，希望以后加强合作。尽管这些国会领导层属于反对派联盟，但佐科总统认识到，局面难以扭转，不如承认现实，与对手开展合作。

其次，真诚对话。对于国内一些重大而有争议性问题，佐科主动与反对派领导人开展真诚对话，以取得他们的谅解和支持。比如在任命警察总长人选上，佐科总统与反对派领导人普拉博沃展开真诚对话，佐科总统的想法得到了普拉博沃的谅解与支持。

最后，不参与反对派内部纷争。大选后，建设团结党，专业集团党等内部闹分裂，佐科总统则静观其变，不参与其内部纷争。

总之，佐科总统以人民利益为优先，不将党派利益作为主要考虑因素。对待朝野矛盾，他以柔克刚，逐一化解，这种处事风格与他在梭罗和雅加达工作时积累的地方行政经验密不可分。

二　燃油津贴　果断削减

印尼曾经是欧佩克（石油输出国组织）成员，是东南亚最大的石油净出口国。为了照顾国内低收入群体，历届政府利用石油美元的红利一直对国内燃油实行补贴政策。但近些年来，印尼的油气开采量下降，而且随着工业化进程加快，国内的燃油消耗量将不断增加，燃油的稳定供给将成为印尼未来能源安全的重点。

根据印尼能源专家的分析，“以日均原油产量100万桶计算，2013年印尼日均原油消费为160万桶。到了2019年，日均消费量将上升到190万桶，印尼将被迫成为原油净进口国。”[1]

保证燃油的稳定供给无非有两个途径。一是扩大原油的生产量和鼓励开发新能源。现在印尼的油气勘探资料很多是荷兰殖民时代留下的，现有的勘探比较少，联合外国油气公司加快在印尼海洋和陆地的勘探，将是扩大原油生产的必经之路。此外，佐科政府计划鼓励实施新能源的开发与利用，优先建设天然气、燃煤、地热及水力发电，特别是印尼的地热资源丰富，开发潜力巨大。

二是提高燃油的利用效率。政府高额补贴形成的低油价70%直接惠及中、上层群体，而且一些不法商人将补贴的低价燃油走私到邻国牟取暴利，结果造成政府财政不堪重负。

近些年来，每年政府对燃油的补贴资金占政府预算近20%，严重影响了政府对基础设施等方面的投资，制约了经济发展。民主改革时期的历届政府都试图取消燃油津贴，但始终不敢出手。原因在于燃油津贴不仅涉及经济和财政问题，而且还关乎社会稳定问题。苏哈托政权就是因为在1998年采取了减少燃油津贴、提高油价的政策，从而引起社会动荡而被迫下台的。

佐科总统上台不久，就采取惊人之举，减少燃油津贴，提高油价。这项举动还是在全球油价下跌的大势下采取的，在国内引起了一些反弹。一些国会议员甚至扬言，要求佐科总统到国会接受质询，如果回答不让他们满意，要发动国会议员将其弹劾。

其实，佐科对减少燃油津贴的政治风险了然于胸，在做出减少燃油津贴决定之前，他做了大量前期工作。首先，在媒体公开燃油津贴的巨大开销，通过专家阐述巨大的燃油津贴对印尼经济和能源安全的损害。

其次，采取社会政策兜底的策略。上台伊始，佐科内阁就向全社会下层群众推广“三圣卡”，即印尼智慧卡、印尼健康卡和家庭福利卡，保障下层群众在燃油津贴降低、油价上涨的背景下，其家庭教育、医疗和生计等不受影响。佐科政府广泛宣传这个社会保障计划的资金，正是源自调高津贴燃油价所节省下来的国家预算，直接惠及下层民众。一些人反对调高燃油价的其中一个主要理由是，人民对政府不信任，担心节省下来的预算未必用到百姓身上，大有可能被挪作他用或落入贪官的腰包。如今，佐科政府在还未调高燃油价之前，就先让下层民众获得津贴转移的好处，这可以减少调高燃油价引起的社会震荡。

最后，“试水”减少燃油津贴的影响。在未正式公布调价前，佐科总统和卡拉副总统在不同场合，暗示政府将减少燃油津贴，调高油价。随后，市场闻风而动，物价就开始上涨，普通民众已经感受到了减少燃油津贴的影响，对其已具一定忍受度。虽然在首都雅加达和其他一些城市，出现一些示威活动，但基本上是可控的。

按照佐科总统的计划，在未来 4 年，政府将逐步取消燃油津贴，使燃油的价格真正市场化，这样有利于能源资源的合理配置，保护能源安全。

三　改善水利　提高产量

印尼现有人口 2.4 亿，是世界上人口第四大国家，每年人口的出生率处于上升的趋势，中产阶级的队伍不断扩大。在这样一个人口大国，维护粮食安全无疑是印尼一项基本国策。

20 世纪 80 年代，印尼一度实现大米自给，苏哈托政府为此还获得过联合国粮农组织的相关奖章。但是自 1997 年亚洲金融危机之后，印尼的粮食安全问题一直显得比较突出，主要表现在基本粮食需要大量进口，这不仅消耗了大量外汇，制约了经济发展，而且也影响社会的稳定。基本粮食安全不仅涉及大米、大豆等，而且还涉及牛肉等基本食物供应的安全。

何况，随着 2015 年东盟共同体的建成，在自由贸易的框架下，印尼的粮食安全必将受到东盟其他成员国的影响。如何保证粮食安全，成为佐科政府所必须面对的现实挑战。

2015 年 2 月，佐科总统和卡拉副总统专门召开全国地方首长会议，来自万丹、日惹、马鲁古、北马鲁古及爪哇地区的 102

个地方首长与会，深入讨论实现粮食自给自足的国家发展大计。

根据印尼实际情况，佐科提出了一些具体措施来维护粮食安全，保障粮食自给自足。佐科总统认为，印尼农业资源丰富，经过努力，完全可以在4~5年内，完成粮食自给的目标。

（1）推广农业技术 提高粮食产量

目前印尼粮食作物产量偏低，浪费了大量土地和人力资源。在全国范围内推广农业技术，可以有效地提高粮食产量。政府可以通过合作社、工商会及私营机构等，推广旨在提高粮食产量的农业技术，比如进口优良的种子，广泛使用先进的农业机械，使用高效的化肥等。

当然，是否使用农业转基因技术，在印尼还存在争论。印尼国家发展计划局副局长恩达指出，印尼必须深入研究采用生物科技是否会对国家生态系统造成影响。“再者，印尼农民传统上习惯种植他们原有农作物，若改种转基因农作物则必须另行购买种子，这也会形成另一种依赖。”[2]

（2）改善农村水利灌溉系统 扩大农耕面积

在苏哈托时代，农村地区兴建了许多水利灌溉系统，这为提高粮食产量奠定了重要的基础。民主改革时代，政府在改善农村水利系统方面基本不作为，结果造成许多农耕地因为缺乏水源被撂荒了，变成非农耕地，以至于被用作发展房地产和工业用地，导致农作物产量大幅缩减。

在未来5年计划中，佐科政府将“实施450万个家庭土地所有计划，建设或改善300万公顷稻田的水利设施，新建25座水坝，在爪哇以外的岛屿新开垦100万公顷农田”。[3]

（3）提高粮食津贴　鼓励粮食生产

佐科政府在大幅削减燃油津贴后，将一部分资金变成“粮食津贴”，以补贴农民购买优质的种子、化肥等，鼓励他们从事粮食生产。印尼财政部长班邦指出，目前政府提供的粮食津贴数额和燃油津贴相近，是印尼有史以来的第一次。他说：“粮食津贴大约是55.6万亿印尼盾。”

此外，可以借助联合国粮食及农业组织的相关机构，在印尼培训农民、提供资金、开拓市场。

四　惠及底层　援助寒门

最近几年，印尼的贫困率每年都在下降，“2010年贫困率为13.33%，为3102万人，2013年的贫困率为11.37%，约为2807万人。而同期的失业率，2010年为8.59%，2013年为7.17%”。[4]即便如此，财富还是越来越集中在少数人手中，“根据世界银行统计，印尼10%的人掌握了65.4%的财富（2013年）。在所调查的150个国家中，印尼是贫富悬殊最严重的17个国家之一。2002年印尼的基尼指数为0.329，2011年这一数字扩大为0.413，而在新秩序时期则为0.3，这表明贫富悬殊在继续扩大。”[5]

针对上述现象，佐科和卡拉在竞选总统时，向民众公布其未来5年要做的“九件实事”，其中多项实事涉及减少贫富差距的问题。比如，“以特殊援助项目的形式，每年向每个村提供14亿盾资金，用于提高村庄的福利；在经济增长率超过7%的前提下，提高减贫预算，每个月给予每个贫困家庭100万盾补贴；建立农民银行、中小企业，强化后勤供给系统；改善全国5000个传统市场的条件，并建立拍卖中心、仓储中心和渔业加工中心；发放健康卡对急诊和住院实行免费医疗，新建6000个社会卫生所，为老百姓提供住院医疗设施和清洁饮水；发放智慧卡，在全体国民中普及教育，其中普及包括农民、渔民和工人等社会各个阶层的教育。提供良好的教育设施，在小学实现100%入学率、初中95%入学率的目标，并通过保障老师的福利和提高老师的津贴等措施实现高质量教学目标。通过实施教师资格培训计划，提高教师的素质”。[6]

这些措施涉及资金、教育、健康等综合因素，佐科总统采取各种措施，试图从根本上铲除产生贫富悬殊的土壤。

五　强化肃贪　铲除毒瘤

印尼的腐败现象长期以来与非洲国家等全世界最不发达的国家为伍，成为印尼国家领导人对外交往中“最难启齿”的“家丑”。腐败问题严重制约着印尼经济发展、社会变革与政治转型，成为印尼领导人“痛下决心”执意铲除的一个“毒瘤”。

根据印尼中央统计局2013年1月2日的统计，印尼民众的反贪指数为3.55分(5分为满分)，属于积极反贪型，意味着民众支持政府和社会反贪。67%的民众认为电视是传播反贪信息和知识的最佳手段，而27%的民众则认为政府是传播反贪信息和知识最有效的渠道。这表明印尼民众比以前更关注腐败问题与政府的反腐败行动。

根据透明国际2007～2014年，对全世界约180个国家进行的统计，印尼的清廉指数在全世界的排名分别为“143，126，111，110，100，118，114,107。虽然印尼的清廉指数在个别年份（2012 年）相对有下降的趋势，但整体上，印尼的清廉指数处于一个上升的趋势。这说明，印尼政府推行的反腐措施取得了初步成效，但因为腐败根基较深，反腐道路仍任重道远。

（一）提高公务员的待遇

在佐科—卡拉承诺的“九项实事”里第一项就是提升公务员的待遇水平，即“提升公务员、军人和警察的专业水平、提高他们的工资和福利水平，实施中央公务员的薪酬计划，并扩大到地方公务员”。

根据对印尼的腐败的调查，许多贪污陋习与公务员的待遇低下有关。例如，机场海关工作人员公开向游客索要小费，海外务工人员回国在机场被海关工作人员敲诈，警察执法时索贿等。在某种程度上讲，索贿或贪腐已成为某些官员的习惯，其索贿的钱主要被用于满足生活之需。

印尼财政部长班邦表示，“2015 年国家公务员的工资将提高 6%，增加的经费已经列入 2015 年国家财政预算”。[7] 公务员工资的提高参照通货膨胀的水平，此外，公务员的奖金与工作绩效挂钩，从而提高公务员的整体收入水平。

地方政府也可以根据地方发展水平，提高公务员的工资。雅加达特区率先做了示范，“雅加达特区计划 2015 年提高公务员工资，将公务员的最低工资提高到 1200 万印尼盾”。[8] 这一工资水平为印尼全国最高，但随之惩罚制度很严，对于上班迟到、早退给予重罚，其目的在于鼓励公务员努力工作。

（二）实施机构改革，推动政务电子化

贪腐发生的另外一个重要原因是各种办事程序繁琐，并且不透明，这样给贪腐分子以可乘之机。

佐科承诺将实施机构改革，精简机构，对于那些重叠和臃肿的机构进行删减或合并。同时，推动国家预算、政府采购、税收审计等一系列政务电子化，加强政务公开、提高透明度、减少腐败。规范办公经费，所有部门召开的会议不许在外面的豪华酒店召开，一律在本部门的会议场所召开，大量压缩会议经费。部长出差坐飞机，不许坐头等舱等。

（三）强化肃贪委员会职能

印尼肃贪委员会成立于2002年，其成员由专业法官、检察官和警察等组成，专业性、独立性是其主要特点。肃贪委员会主要由四个部门组成，即预防腐败部门、反腐败教育部门、反腐败情报与数据部门、内部监督与社会投诉部门。

自肃贪委员会成立以来，抓了不少“老虎”，为印尼挽回了不少经济损失。根据印尼贪污监督机构的调查，“在肃贪委、最高检察院与国家警察总局三大执法机构中，肃贪委在挽救国家财产方面贡献最大，2014年达2.8万亿盾，国家警察挽回的损失是677亿盾，最高检察院为7920亿盾”。[9] 肃贪委员会毫无疑问成为印尼反贪的主力。

但在具体实践中，肃贪委员会的权限受到了诸多制约。特别是肃贪委员会时常与警察总局发生矛盾，迄今为止发生过三起冲突，当地媒体形容为“壁虎与鳄鱼”的争斗。这种争斗削弱了肃贪委员会的肃贪力度，影响反腐的成效。

佐科总统多次强调，必须扩大肃贪委员会的权限，增加人员和经费。同时，对肃贪委员会领导层的遴选，采取透明公开的方式，广泛听取社会各阶层的意见，但前提条件是肃贪委员会的候选人，从当公务员开始，没有任何贪污记录。

由于肃贪委员会的行动得到了普通老百姓的大力支持，任何削弱肃贪委员会的行为必将遭到老百姓的唾弃。佐科对于这一点十分清楚，佐科总统曾表示，“我们支持肃贪委员会的肃贪行动，这是人民希望之所在”。[10]可以预见在佐科的任期内，肃贪委员会的职能只会加强，而不会削弱。

（四）打击石油“黑帮” 重整能源国企

石油行业是印尼能源领域腐败的“重灾区”。随着2014年前印尼能源与矿业部长杰罗·瓦吉克被肃贪委员会逮捕，印尼最大的国有石油公司帕尔塔米纳的石油黑幕才开始掀开“冰山一角”。此前，总统竞选中，1号候选人普拉博沃就指出，印尼国库大量流失，这一指责恐怕并非空穴来风。

根据印尼能源专家的研究分析，“廖内省的石油资源，在20世纪50～60年代被跨国财团无节制地开采，过去日产量为100～120万桶，如今滑落到仅剩60万桶”。[11]这背后不排除国有石油公司的高管与跨国石油巨头的勾结与分赃。

佐科总统就任伊始，大幅度改组帕尔塔米纳领导层，首先委任戴维·苏吉多为总经理。其次，改组经理部，裁减人员、精简机构。以此为起点，佐科总统委任经济学家菲萨·巴斯利为首的三人小组，负责能源机构的改革，追查石油“黑帮”。

根据印尼当地媒体的报道，“巴斯利三人小组马不停蹄地调查，基本掌握了与帕尔塔米纳公司来往的跨国石油财团的黑色交易材料，并且掌握了国内形形色色的石油黑帮材料”。[12]

六　针对短板　大搞基建

印尼基础设施的落后已经严重影响了其整体竞争力。“根据《全球竞争力报告（2012～2013）》，在144个国家中，印尼的竞争力处于第50位。这个位置比2011～2012年下降了2位，比2010～2011年下降了6位。其中，基础设施落后是印尼竞争力下降的三大原因之一。印尼的基础设施在144个国家中，排名第82位，远远落后于东盟其他成员国如新加坡、马来西亚和泰国。”[13]

基础设施落后造成印尼物流成本高企，这似乎是商界人人皆知的秘密。佐科在总统辩论中一针见血地指出，“从爪哇岛到巴布亚的物流成本甚至比从爪哇岛到欧洲还高”。曾经作为家具出口商的佐科深刻体会到落后的基础设施对经济造成的负面影响。

针对印尼基础设施落后的短板，佐科感到忧心忡忡。他认为，基础设施越早建设越好，如果越晚建设，则成本越高，代价也越大。因此，佐科在与内阁成员讨论2015～2019年全国中期建设计划时，重点强调建设基础设施，特别计划要完成十二项庞大的基础设施项目。

国家计划建设部主管基础设施方面的部长助理德迪·S. 普利雅特纳于2014年11月21日，公布了未来5年基础设施建设规划，其中重点是交通基础设施建设。

他指出，未来5年政府将“建设全长为2650公里的新公路和1000公里的高速公路，另外要维修46770公里的公路；兴建15个机场，增加20架运输机以及在6个地点建设物流运输机场；新建24个港口，增加26艘货轮、2艘运输牲畜的船只和500艘民用客船以及50艘渡轮；在爪哇、苏门答腊、苏拉威西和加里曼丹建设全长3258公里的铁路网，其中2159公里为城际铁路网，1099公里为省际铁路网；新建30座水库，在33个地点建设水力发电站，并恢复330万公顷的水利灌溉系统；为市县区建设百分之百完善的宽带网络；建设5257幢联排公寓，新建供550万户家庭使用的公共设施，改造37407公顷的贫民窟，给250万低收入家庭提供房屋维修信贷；在城市改造建设净水供应系统，使2140万户城市家庭和1110万农村家庭受惠；建设两座生产能力为2×30万桶的炼油厂”。[14]

根据上述计划，“所有项目需要5500万亿盾资金。这些资金由国家、地方、国有企业和私人企业共同承担。国家预算提供2215.6万亿盾（占40.14%），地方政府预算拿出545.3万亿盾，国有企业提供1066.2万亿盾（合计占19.32%），私人企业有望提供1692.3万亿盾（占30.66%）”。[15]私人企业提供的资金很大程度上来自外国投资，这给包括中国在内的企业提供了很多商机。

到目前为止，佐科总统才渡过政治蜜月期，各种挑战才刚刚显现，各种新的挑战可能还会出现。对于佐科总统来说，政治上的挑战主要来自如何处理与政党关系。毕竟佐科没有处理党务工作的经验，对政党内部的斗争可能缺乏足够的认识，因此，对他来说，处理与政党的关系是一个软肋。其次，经济上的挑战主要在于如何处理地区一体化与全球化的关系。印尼是一个地区大国，同时具有全球影响力。处理印尼国内经济的挑战，要与东盟一体化，特别是要与东盟共同体的建成等联系起来。同时，印尼作为全球产业链一环，也要应对全球化的挑战。

总而言之，佐科总统应对各种挑战的措施是主动和专业的，这与他平时的工作作风密切相关，即工作、工作、再工作。同时，他具有传统爪哇人的“含蓄、谦逊、尊重长者”的性格特点，这给他处理复杂的政党关系多少带来一些帮助。

第十章　务实外交

在 2014 年的大选中，许多国际观察家都在揣测未来印尼外交向何处去？澳大利亚国立大学客座研究员戴夫·麦克雷曾指出，“不论谁当未来的总统，印尼外交政策的一个重要特点，肯定是一样的，即印尼没有具备相应的实力来支撑它的理念，不论是短期或是中期的”。[1] 这是典型的西方式“悲观论”，但也反映了一个客观现实，即国际社会十分认同印尼发展潜力，对印尼的期望值日益高涨，而印尼所能承担的角色与国际社会的期望存在一定的差距。

无须讳言，在苏西洛总统执政的 10 年里，印尼奉行全方位外交策略，其国际地位上升很快。无论在推进地区一体化进程，还是在联合国维和、国际反恐、减贫等方面，印尼都发挥了重要作用。

苏西洛政府的重要外交理念为“千友零敌”，即对外广交朋友，宁要1000个朋友，也不要一个敌人。这一外交理念遭到了印尼国内一些精英的诟病。他们认为，“千友零敌”外交理念并没有给印尼带来现实的国家利益，反而使印尼疲于应付繁杂的国际事务，消耗了国家的大量资源。

针对上述批评，佐科曾表示，凡是给印尼人民带来巨大实惠的国家，印尼就应该与其多亲近、多交往，而那些没有给印尼人民多少实惠的国家或损害印尼人民利益的国家，印尼则敬而远之。这表明，佐科政府外交理念将对“千友零敌”进行部分修正，而更强调现实利益，其核心为务实外交。

务实外交是建立在印尼自身的国情基础之上的。通过务实外交，一方面可以提高印尼自身实力，推动印尼进一步发挥国际影响力；另一方面，可以减少“理想主义”或“自由主义”外交对印尼的冲击，使印尼更加专注增强自身的硬实力和软实力建设。

一　四大方向　经济优先

2015年2月12日，印尼外长蕾特诺·马尔苏迪出席国会第一委员会听证会时表示，印尼未来5年的外交有四个优先方向，即维护印尼主权与领土完整；保护印尼公民和海外机构的权益；积极开展经济外交，提升印尼经济自立水平；在地区与国际事务中扮演积极角色。[2]蕾特诺外长的表态向国际社会表明了印尼新政府的外交思路。这些思路没有华丽的外交词汇装饰，而是更贴近印尼外交实际。

（一）坚决维护印尼主权与领土完整

印尼是一个海洋大国，海洋边界漫长，如何有效地维护印尼海洋主权与领土完整，不仅成为印尼军队或海事部门的责任，而且成为印尼外交部门未来5年工作的优先方向。印尼海洋边界与菲律宾、马来西亚、新加坡、澳大利亚等国相连。到目前为止，印尼有65%的海洋边界已经划定，还剩下35%的边界没有划定。这些边界主要集中在印尼与菲律宾，印尼与马来西亚的海洋边界上。

抓紧与相关国家划定海洋边界是有效捍卫印尼海洋主权的前提条件。一旦海洋边界划定，将有效打击地区分离主义运动和恐怖主义的蔓延。比如巴厘岛爆炸案的首犯之一、伊斯兰团的头目之一祖尔基夫利，潜逃到菲律宾南部，与阿布沙耶夫武装沆瀣一气，从事恐怖活动。2015年2月6日，菲律宾警察特种部队清剿南部恐怖主义组织，核心目标则是祖尔基夫利。

印尼现在还存在着巴布亚地区分离主义分子、波梭地区宗教狂热分子，这些人经常通过海洋边界潜入他国，使得印尼警方很难抓捕，这给打击分离主义分子的行动造成了无形的障碍。

与此同时，划定与邻国的海洋边界也有利于印尼推进海洋强国战略，发展印尼东部海域的渔业与海洋运输。

（二）切实保护海外印尼公民的权益

海外印尼公民的权益保护涉及印尼的国家尊严与国家地位，也是印尼政府必须重点完成的一项领事保护任务。

近年来，随着印尼劳务输出的步伐加快，各种侵犯印尼劳工事件层出不穷，甚至影响到印尼与相关国家的双边关系。这里面主要原因在于印尼劳务中介良莠不齐，很多中介没有合法资质，对所派遣的劳工没有专业的培训，一旦非法劳工在所在国权利受到侵犯，印尼政府对其维权的难度很大，其负面影响往往又被媒体放大，不利于印尼政府保护海外公民的权益。

根据印尼安置与劳工保护局的统计，“在全世界 142 个国家，印尼的劳工人数现在至少为 650 万人”。[3] “其中非法劳工为 192 万人”，[4] 占印尼海外劳工总数的约 30%。

而印尼海外非法劳工主要集中在两个国家，一个马来西亚，另一个是沙特。马来西亚与印尼距离最近，语言和风俗习惯相通，印尼非法劳工容易进入。沙特则是穆斯林朝圣之地，许多印尼劳工可以借朝圣之名，滞留在沙特，结果造成许多非法劳工被侵权的事件发生。而这些非法劳工，主要是印尼女佣。

2015 年 2 月 14 日，佐科在梭罗出席民心党全国代表大会时指出，“我很想立即停止向国外输出印尼女佣，因为这事关印尼民族尊严和国家地位。在全世界，只有 3 个国家输出女佣，2 个在亚洲，1 个在非洲，印尼是其中的亚洲国家之一。当我与马来西亚领导人进行双边会谈，专门谈及女佣的事情时，我确实感到尴尬”。[5]

如何解决这一难题？佐科认为，有两条途径，一条是帮助印尼非法女佣获得合法手续；另一条是直接将她们遣返回国。在佐科看来，最终的解决之道在于消除印尼自身的贫富悬殊问题。

在 2015 年访问菲律宾期间，佐科总统专门与菲律宾总统阿基诺三世探讨如何保护海外劳工的问题。因为菲律宾也是世界上的劳工输出大国，在保护劳工方面有些经验可供印尼参考。

在访问马来西亚期间，佐科与马来西亚总理纳吉布重点谈到如何保护印尼劳工权益的，特别是劳工子女的教育问题。比如在印尼劳工集中的沙巴和沙捞越设立印尼劳工子弟学校，以及社区学习中心。对于在马来西亚的非法印尼劳工，两国政府首脑达成共识，要共同采取相应措施加以应对。

在文莱，佐科与文莱苏丹博尔基亚就保护印尼劳工也达成诸多共识，并希望文莱在东盟框架下提交有关保护劳工的法律，同时，印尼方面将给予相应的配合与协调。

按照印尼外交部的计划，针对保护海外印尼劳工的压力日益增大的现实，未来印尼驻外使领馆将通过领事保护、法律援助和咨询，强化保护海外印尼公民权益的力度。

（三）经济外交优先

印尼外交的目标之一就是为印尼创造一个良好的国际形象，吸引海外企业来印尼投资或加强印尼与相关国家的贸易。为此，印尼外交部准备专门对所有驻海外的外交官，进行国际贸易基础知识的培训，以保证印尼外交官能够熟练地推销印尼的产品和为印尼寻找可靠的投资者。

2014 年北京亚太经合组织领导人非正式会议是佐科总统的外交首秀。在 APEC 工商领导人峰会上，佐科总统直接用英文宣传印尼的投资环境和印尼政府的海洋战略规划。在会上，他特别强调印尼欢迎各国投资者，印尼将设立一站式服务大楼，将给外国投资办理准证提供一条龙的服务。这引起了与会各国企业家的热烈反响。

2015 年 2 月初，在印尼驻外使节外事工作会议上，佐科总统表示：“他在担任雅加达特区省长期间，印尼驻外大使与他会谈，90% 的事项都是有关经济的。”因此，他认为，驻发达国家的外交官，应该对经济问题具有敏锐的嗅觉。言外之意，他希望这些外交官把发达国家先进的技术或产品介绍给印尼，同时，也给印尼产品找到适销对路的市场。

在某种程度上讲，经济外交优先是佐科总统实用外交的核心。通过各种外交手段，充分利用各种外交资源，促销印尼的产品，吸引更多的外国资本到印尼投资，以满足印尼经济自给自足的目标，最终为实现印尼工业化奠定坚实基础。

（四）在地区和国际事务中扮演积极角色

印尼是世界上穆斯林人口最多的国家，又是世界人口第四大国，是 G20 唯一的东盟成员，也是世界上第十六大经济体。印尼的综合国力决定了印尼必须在地区和国际事务中扮演积极角色，这不仅符合印尼自身的国家利益，也符合地区和国际社会的利益。在地区事务方面，东盟是印尼发挥积极角色的首选之地。

（五）发挥东盟领导作用

根据计划，2015 年东盟将建成政治安全共同体、经济共同体和社会文化三大共同体。在建成三大共同体的进程中，各种障碍将会日益凸显，如何克服这些障碍，将考验着印尼是否能够发挥在东盟内的领导作用。

2015年2月5～9日，佐科总统首次国事访问就选择了东盟3个成员国，这体现了佐科对东盟的重视。这3个国家分别是马来西亚、文莱和菲律宾。它们的主体民族都是马来人，大都通晓马来语，文化习俗有许多共同之处，属于马来世界。这表明佐科总统重视马来世界，希望加强同马来世界的合作，提升马来世界在东盟的影响力，进而推动东盟的一体化步伐。

首先，积极推动“东盟统一时区”计划。“东盟统一时区”计划是由马来西亚总理纳吉布提出，并在多个国际场合提及。这次佐科访问马来西亚旨在与该国共同推动“东盟统一时区”计划。

东盟各成员国现在横跨多个时区，连印尼自身也有好几个时区。东盟统一时区，可以加强各个成员国的商业往来和政府间的有效合作，特别是在资本市场，金融和股市的管理及航空运输等方面发挥积极作用。佐科总统表示，希望马来西亚作为2015年东盟主席国身份尽快落实统一时区的建议。因为统一时区是东盟团结的象征。

其次，推动东盟自主品牌汽车发展。汽车工业的发展程度体现着一个国家制造业的整体实力，也是一个国家走向现代化的重要标志。现在东盟国家道路上行驶的汽车大都为日系、韩系或欧系汽车，鲜有东盟国家自主品牌汽车。而马来西亚，在马哈蒂尔执政时期，政府大力推广汽车国产化运动，其国产品牌——普腾汽车异军突起，一度占据了马来西亚汽车市场70%以上的份额。根据2015年2月6日的《罗盘报》报道：“在最近10年中，普腾汽车在马来西亚占有50%的市场，但2014年，其市场占有率下降为21%。”[6]这主要归因于国际大汽车品牌的激烈竞争。

发展国产汽车一直是佐科的梦想。他在担任梭罗市市长期间，梭罗职业学校的师生利用当地资源，开发研制一款廉价的汽车——吉亚·厄色姆卡。2015年2月，佐科首次出访马来西亚，并参观访问普腾汽车厂，他亲自体验了普腾汽车。在佐科的牵线搭桥下，印尼阿迪帕尔卡萨·吉特拉·勒斯塔丽有限公司与马来西亚普腾汽车公司，签署了合作谅解备忘录。这两家公司计划在印尼开展汽车联合研发项目，一旦时机成熟，将在印尼联合生产汽车。最后，把印尼和马来西亚合资生产的汽车发展为“东盟汽车”，从而建立东盟的汽车品牌。

（六）在南海问题上扮演建设性角色

印尼在南海问题，与相关国家没有领土争端。基于这点，印尼在南海问题上显得比较超脱。自20世纪90年代以来，印尼相关机构联合国际学术机构举办了南海危机管控的系列学术研讨会，试图在制度层面上，探讨管控南海问题的有效路径。

佐科在竞选总统时曾表示，如果印尼在南海问题上没有什么好的解决办法，印尼就没有必要过度介入南海问题，以免牵涉印尼更多精力。但作为东盟最大的国家，印尼在南海问题上难以“置身事外”。特别是在2013年柬埔寨担任东盟主席国期间，东盟内部第一次因为南海问题的分歧而没有发表外长联合声明。而当时的印尼外长马蒂立即斡旋于东盟相关国家，最后相关各国发表了关于南海问题的“六点声明”，这在一定程度上，挽救推动了东盟濒临分裂的国际形象。在2014年11月缅甸召开的东亚峰会上，佐科总统在阐述其“海洋轴心战略”时，最后表达了对维护南海和平与稳定的关切。

其实，印尼力图维护南海的和平与稳定，是与中国提出的解决南海问题“双轨思路”相吻合的。根据印尼外长蕾特诺的观点，在近期，印尼在南海问题上的目标是维护南海地区和平与稳定，主要是确保“南海行为准则”早日达成协议。

在可以预见的将来，印尼将继续在南海问题上扮演建设者的角色。印尼一直主张，反对局外势力搅浑南海局势，主张南海的和平与稳定在中国与东盟的框架下完成，这符合地区各国的利益。

（七）推动亚非合作

1955年4月，印尼万隆——被誉为“花城”的避暑胜地，聚集了来自亚洲和非洲29个国家的340名代表。这是亚非国家有史以来，第一次在没有殖民宗主国参加的情况下举办的大型国际会议。在会上，各国代表共同探讨亚非国家争取民族独立和发展民族经济等问题。这次会议达成的“万隆会议十项原则”成为新型国际关系准则的重要源泉。

在万隆召开的亚非会议促进了亚非国家之间的团结合作和睦邻友好，增强了亚非新兴国家的民族自信；推动了日益众多的亚非国家走上和平、中立和不结盟的道路。此后，这些国家作为一支新兴的政治力量，在国际事务中发挥着越来越重要的作用，并促进国际秩序向多极化方向发展。

2015 年是万隆亚非会议召开 60 周年，印尼政府拟邀请 109 个亚非国家代表及使节和 25 个国际组织出席 2015 年 4 月在万隆举行的亚非会议 60 周年纪念活动。 印尼经济统筹部长索菲安·查利尔作为总统特使，特邀习近平主席出席纪念峰会。

2015 年亚非会议纪念峰会是一个重要的多边活动的国际舞台，是南南合作的重要平台和不结盟运动开展的重要基地。 印尼希望借此纪念峰会，促进亚非之间的南南合作，提升印尼自身在发展中国家的重要地位，特别是在朝鲜等问题上增强其发言权。

按照计划，2015 年 4 月 22 ~ 24 日，印尼将举办亚非部长级会议、亚非合作商业高峰论坛、亚非首脑纪念峰会。 围绕这一具有历史意义的纪念峰会，佐科的外交团队马不停蹄地为活动做准备，邀请亚非各国元首与会，借此提升印尼的国际形象。 特别是邀请朝鲜领导人金正恩与会，成为媒体关注的焦点。

2015 年 2 月 12 ~ 15 日，朝鲜副外长李吉松访问雅加达，就朝鲜领导人出席亚非会议 60 周年峰会进行磋商。 2015 年是金日成花问世 50 周年。 1965 年苏加诺总统送给朝鲜领导人金日成印尼的兰花，改称金日成花，这成为印尼和朝鲜友谊的一段佳话。

二　大国关系　保持平衡

自印尼实施民主改革以来，大国平衡一直是印尼传统的外交政策。 作为一个地区大国，同时又是一个新兴经济体，印尼发展与大国的伙伴关系符合其国家利益。

发展与美国的全面伙伴关系。2010 年 11 月，印尼与美国建立全面伙伴关系，两国关系开始急剧升温。美国通过全面伙伴关系行动计划，在政治与安全，经济与发展，社会与文化、教育和技术等三个方面开展全方位合作。

美国奥巴马政府第二任期的亚太再平衡战略，把东南亚作为再平衡的重心之一。而印尼一向被美国视为东盟的领袖，美国试图通过印尼来分担美国在东南亚的再平衡任务。

2014 年 11 月 11 日，在北京 APEC 峰会间隙，佐科总统与奥巴马总统举行会晤，就两国联合打击恐怖主义进行了会谈。佐科总统希望印尼和美国可以从安保方面加强合作，以应对恐怖主义和极端主义的挑战，同时也要从宗教和文化的角度来孤立和消除恐怖主义和极端主义。

但印尼与美国之间也存在一些矛盾。比如在美国自由港印尼公司合约方面存在分歧。在国内经济民族主义压力下，佐科总统不敢对美国自由港印尼公司做出过多的让步，特别是在巴布亚新建金铜矿精炼厂方面，佐科政府态度比较强硬，要求自由港印尼公司开采金铜矿的业务必须与巴布亚当地人民的福祉挂钩，不准原矿出口。

积极发展与日本的伙伴关系。日本目前是印尼最大的投资国。2013 年印尼吸收外来投资增长了 22%，其中来自日本的投资增长了 17%，比 2012 年增长了 90%，日本连续 6 年超越新加坡成为印尼第一投资来源国。日本的投资集中在汽车及汽车零配件等领域。此外，双方在小微企业方面的合作也有很大的空间。2014 年 11 月 12 日，佐科总统在会见日本首相安倍晋三时表示，希望日本加大对印尼的投资，因为两国都是海洋国家，海洋领域的合作空间巨大。安倍晋三表示，日本将加大在工业和人力资源等方面的投资。

继续发展与印度的战略伙伴关系。印尼与印度的关系具有历史与文化上的渊源。在宗教上，印尼伊斯兰的传入与印度古吉拉特商人的传播紧密相连；文化上，印尼与印度都是多元文化社会，许多文化来源于印度，之后在印尼得到发扬光大。印度是一个以印度教为主的国家，但伊斯兰风格的泰姬陵却是印度国家的象征，印尼则是以伊斯兰教为主的国家，但佛教风格的婆罗浮屠塔却是印尼的世界文化遗产。

在苏加诺和尼赫鲁时代，印尼和印度的关系亲如兄弟，在民族独立与解放事业上，相互支持。20 世纪 90 年代，印度推行“向东看政策”，试图加强与包括印尼在内的东盟国家的合作。但印尼一些媒体认为，印尼没有重视印度的“东向政策”，也没有重视印度的国际地位，以致错失了加强与印度合作的好机会。印尼的媒体经常抱怨，印尼只重视与美国和日本这样的发达国家发展关系，而忽视了印度的存在，这对印尼自身的发展与繁荣极为不利。

2011 年 1 月 24 ~ 26 日，印尼时任总统苏西洛对印度进行了第 2 次国事访问，参加了印度第 60 个共和国纪念庆典，并成为庆典的主嘉宾。这是继开国总统苏加诺之后，印尼总统第 2 次参加印度共和国纪念庆典，体现了两国战略伙伴关系新的高度。印度媒体评论苏西诺总统这次对印度的国事访问，“真正成为印度和印尼关系的关键的阶段”。[8]

2014 年 11 月 13 日，佐科总统在出席第九届东亚峰会期间会见了印度总理莫迪。双方探讨了如何提高投资和贸易，特别是佐科总统希望印度方面增加在印尼的煤矿和国防工业的投资。莫迪表示，他与佐科总统有很多相似之处，比如两人都与媒体保持良好的关系，两人都是出身于平民。这有利于拉近他们的距离，从而有利于提升印尼与印度的双边关系。

强化中印尼全面战略伙伴关系。2013 年，中印尼关系由战略伙伴关系提升为全面战略伙伴关系，双边合作关系呈现出“上天、入海”的态势。2014 年 11 月，佐科总统参加北京 APEC 会议是他的外交首秀，他被东道主的热情招待所打动。佐科总统上任时间不长，但自称与中国领导人习近平建立了良好的私人关系，甚至公开宣称可以充当中菲关系的调解者。这无疑体现了佐科总统对强化中印尼全面战略伙伴关系的自信与乐观。

在北京 APEC 会议期间，佐科总统向习近平主席讨教治国理政的经验，这段经历令佐科总统终生难忘，并分别在不同地方，多次与听众分享了他的经历。

2014 年 11 月 14 日，佐科总统在澳大利亚的布里斯班会见印尼大学生时，谈到了他与习近平主席的对话。

> 在 APEC 宴会期间，我问习主席，为什么中国能够今天发展这样快？而且以前还是一个十分封闭的社会。给我三条理由，不要多。
>
> 习主席回答道，第一，非常重要，就是党要团结，团结

> 就是力量。我想，印尼做到这一点很难，但我要努力做。第二，要有宏伟的规划，中国有了宏伟规划，你们应该有宏伟的规划。第三，如果有了宏伟的规划，就应该尽快地兴建基础设施。因为土地的价格越来越贵，物价和人工成本也越来越高，必须尽早做决定，尽早建设。
>
> 我又问，如果没有足够的基金，怎么办？习主席说，要寻找投资者。我说，请您多帮助我们。习主席微笑着答应推动中国企业在印尼投资。[9]

上述经历体现了佐科总统对中国的治国理政十分感兴趣，并表达了向中国学习的强烈愿望，这是中印尼全面战略伙伴关系深化的政治基础。另外，印尼方面对基础设施的巨大需求，将成为强化双边经济合作的动力，并将成为中国21世纪海上丝绸之路与印尼“海洋强国战略”对接的引擎。

三　坦率外交　敢于说不

在建设海洋强国的背景下，印尼的外交风格有了一些细微的变化，即敢于对损害印尼利益的事说“不”，坚持坦率的外交风格。比如佐科在缅甸内比都召开的东亚领导人系列峰会上公开表示，印尼对自由市场经济持开放的态度，但印尼不想成为邻国产品的倾销地。这体现了佐科总统在维护印尼民族利益问题上的坚持、坦率和直接，不给对方留下任何想象的空间的态度。

佐科本人是传统的爪哇人。爪哇人的性格特点是在公开场合，很少直接表达自己的观点，尤其是与对方持有不同观点的时候。而佐科总统的外交风格，似乎与爪哇的文化传统格格不入，这从另一个侧面表明，佐科总统是一个地地道道的现代民族主义者。

在处死澳大利亚毒贩问题上，则体现了佐科总统的果断外交风格的另一面。

2015 年 2 月，印尼政府决定对 64 名毒贩处以极刑，这里面包括 2 名澳大利亚籍毒贩。这两名毒贩，分别是年龄为 31 岁的安德鲁 · 陈和 33 岁的苏库马兰。这两人属于贩毒集团“巴厘 9 人组”重要成员。2005 年他们试图从巴厘岛偷运 8.3 公斤海洛因到澳大利亚，被印尼警方抓获。随后被他们印尼检方起诉，被判死刑。

在印尼警方即将对这 2 人执行死刑时，澳大利亚总理阿博特亲自求情，要求佐科总统免除 2 名毒贩的死刑，否则将影响澳大利亚与印尼的关系。澳大利亚外长毕晓普也表示，如果印尼政府执意处死 2 名澳籍毒贩，澳大利亚可能将采取抵制去巴厘岛旅游的计划，并可能将召回澳大利亚驻印尼大使等表示抗议。随后，联合国秘书长潘基文也呼吁，赦免 2 名澳籍毒贩的死刑。一些国际组织，包括大赦国际，也给佐科总统写信，进行书面声援。赦免毒贩的行动，还得到澳大利亚 15 万人的声援，他们签名请愿，并分别将请愿书递交给印尼政府和澳大利亚政府。

佐科总统在 2015 年 2 月 13 日表示，“他不会赦免任何毒贩的死刑，如果赦免，所有打击贩毒的行动将毁于一旦”。[10]

据统计，印尼每天有 50 人因吸毒而死亡，每年有 18000 人因吸毒而死。印尼现有 120 万吸毒人员，身体已经不能康复，还有上百万的人，正在接受戒毒治疗。这一事实表明，印尼是一个深受毒品毒害的国家。出于维护印尼国家利益的考虑，佐科总统果断做出拒绝赦免两名澳籍毒贩的决定。

总而言之，无论印尼外交风格或理念如何变化，新一届印尼政府将继续奉行“自主、积极”的传统外交原则，并服从于印尼政治独立、经济自足、文化特性的总目标，直接服务于海洋强国战略和九项惠民政策目标。

注　释

第一章

[1] Gelar Napak Tilas, “Ini Silsilah Keluarga Jokowi,” Solopos News,22/6/2014.

第二章

[1] Alberthiene Endah, *Jokowi Memimpin Kota Menyentuh Jakarta*, Metagraf Tahun Terbit,2012,hlm. 45.

[2] DomuD. Ambarita, dkk. ,*Jokowi Spirit Banaran Kali Anyar*, Kompas Gramedia Cetakan,ke –8, Juli 2014,hlm. 42.

[3] Bagus D. Wijoyo, *PESONA &KARISMA JOKOWI* , Sinar Kejora, Oktober 2012, hlm. 38.

[4] Domu D. Ambarita， dkk. ， *Jokowi Spirit Banaran Kali Anyar*， Kompas Gramedia Cetakan ， ke – 8 ， Juli 2014 ，hlm. 35.

[5] DomuD. Ambarita，dkk. ，*Jokowi Spirit Banaran Kali Anyar*， Kompas Gramedia Cetakan， ke – 8， Juli 2014， hlm. 33.

第三章

[1] Dowu D. Ambarita， DKK. ， *Jokowi Spirit Bantaran Kali Anyar*， Kompas Gramedia， Cetakan ke – 8， Juli 2014， hlm. 79.

第四章

[1] "Bukan 'Tukang Kayu' biasa，Ini Perjalanan Jokowi ke Kursi Istana，" http://news. detik. com/read/2014/10/20/062916/2723393/10/， 访问时间：2015 年 2 月 10 日。

[2] "Bukan 'Tukang Kayu' biasa，Ini Perjalanan Jokowi ke Kursi Istana，" http://news. detik. com/read/2014/10/20/062916/2723393/10/， 访问时间：2015 年 2 月 10 日。

[3] "SepakTerjang Jokowi，" http://sosok. kompasiana. com/2014/10/28/sepak – terjang – jokowi – 688144. html，访问时间：2015 年 2 月 8 日。

[4] Alberthiene Endah， *Jokowi Memimpin Kota Menyentuh Jakarta*，Metagraf， Juni，2014， hal. 54.

[5] Alberthiene Endah， *Jokowi Memimpin Kota Menyentuh Jakarta*，Metagraf， Juni，2014， hal. 56.

[6] Alberthiene Endah， *Jokowi Memimpin Kota Menyentuh*

Jakarta,Metagraf, Juni,2014, hal. 56.

[7] Kisah Sukses Wirausaha, "6 Kunci Sukses Wirausaha Tanpa Modal Dari Jokowi," http://kampungwirausaha.com/kisah-sukses-wirausaha-6-kunci-sukses-wirausaha-tanpa-modal-dari-jokowi/,访问时间：2015年2月9日。

[8] "Jokowi Bangun Usaha dari Pintu ke Pintu," http://megapolitan.kompas.com/read/2013/03/17/16002920/Jokowi.Bangun.Usaha.dari.Pintu.ke.Pintu，访问时间：2015年2月9日。

[9] "Kisah Sukses Wirausaha, 6 Kunci Sukses Wirausaha Tanpa Modal Dari Jokowi," http://kampungwirausaha.com/kisah-sukses-wirausaha-6-kunci-sukses-wirausaha-tanpa-modal-dari-jokowi/,访问时间：2015年2月9日。

第五章

[1] Ambarita, Domu D., "Megawati Sempat Ragu Badan Kurus Jokowi", *Jokowi: Spirit Bantaran Kali Anyar*/Jakarta: Kompas Gramedia, 2014, hlm. 87-94.

[2] Ambarita, Domu D. "Megawati Sempat Ragu Badan Kurus Jokowi." *Jokowi: Spirit Bantaran Kali Anyar*. Jakarta: Kompas Gramedia, 2014, hlm. 87-94.

[3] Budiraharso, Sandhy Aditya and Aulia Salsabilla, *Jokowi, Orang Desa Yang Luar Biasa: Pemimpin Super Unik dan Inspirasional*, Sinar Kejora, 2014. hlm. 37.

[4] Budiraharso, Sandhy Aditya, and Aulia Salsabilla, *Jokowi, Orang Desa Yang Luar Biasa: Pemimpin Super Unik dan Jnspirasional*: Sinar Kejora, 2014, hlm. 42 –43.

[5] "Biografi Jokowi (Joko Widodo)," http://bio. or. id/biografi – jokowi – joko – widodo/, 访问时间：2015 年 2 月 19 日。

[6] "Kemenangan Fenomenal Jokowi-Rudy," http://regional. kompas. com/read/2010/05/21/03402631/Kemenangan. Fenomenal. Jokowi-Rudy, 访问时间：2015 年 2 月 19 日。

[7] "Si Bodoh Dari Solo: Joko Widodo," http://www. andinadwifatma. com/2011/10/si – bodoh – dari – solo – joko – widodo. html, 访问时间：2015 年 2 月 20 日。

[8] "Ini Kisah Sukses Jokowi Di Solo," http://www. tribunnews. com/nasional/2014/06/10/ini – kisah – sukses – jokowi – di – solo, 访问时间：2015 年 2 月 19 日。

[9] Ambarita, Domu D., "Wali kota kaki lima", *Jokowi: Spirit Bantaran Kali Anyar*, Kompas Gramedia, 2014, hlm. 151.

[10] Ambarita, Domu D., "Wali kota kaki lima", *Jokowi: Spirit Bantaran Kali Anyar*, Kompas Gramedia, 2014, hlm. 151.

[11] Ambarita, Domu D., "Wali kota kaki lima", *Jokowi: Spirit Bantaran Kali Anyar*, Kompas Gramedia, 2014, hlm. 153.

[12] "Joko Widodo: Pemimpin Yang Merakyat," http://www. indonesia – 2014. com/read/2012/11/29/pemimpin – yang – merakyat#. VOY_mFOUc3Y, 访问时间：2015 年 2 月 20 日。

[13] Si Bodoh Dari Solo: Joko Widodo, http://www.

andinadwifatma. com/2011/10/si - bodoh - dari - solo - joko - widodo. html，访问时间：2015 年 2 月 20 日。

[14] Ambarita, Domu D., " Berkah hinaan gubernur ", *Jokowi*: *Spirit Bantaran Kali Anyar*, Kompas Gramedia, 2014, p. 103.

[15] Ambarita, Domu D., " Berkah hinaan gubernur ", *Jokowi*: *Spirit Bantaran Kali Anyar*, Kompas Gramedia, 2014, p. 103.

[16] Ambarita, Domu D., " Berkah hinaan gubernur ", *Jokowi*: *Spirit Bantaran Kali Anyar*, Kompas Gramedia, 2014, hlm. 103.

[17] Ambarita, Domu D. "Tolak mobil dinas." *Jokowi*: *Spirit Bantaran Kali Anyar*. Jakarta: Kompas Gramedia, 2014. hlm. 133.

[18] Ambarita, Domu D. "Tolak mobil dinas." *Jokowi*: *Spirit Bantaran Kali Anyar*. Jakarta: Kompas Gramedia, 2014. hlm. 133.

[19] Ambarita, Domu D. "Kocoh Pengawalan Voorijder," *Jokowi*: *Spirit Bantaran Kali Anyar*. Jakarta: Kompas Gramedia, 2014, hlm. 137.

[20] " Joko ' Jokowi ' Widodo: Changing the Face of Surakarta," http://www. thejakartapost. com/news/2008/10/29/joko - % E2% 80% 98jokowi% E2% 80% 99 - widodo - changing - face - surakarta. html，访问时间：2015 年 2 月 19 日。

[21] "Jokowi, Forester Yang Suka Musik Cadas," http://www. candramalik. com/jokowi - forester - yang - suka - musik -

cadas，访问时间：2015 年 2 月 19 日。

[22] World Mayor：The 2012 Results，http://www.worldmayor.com/contest_2012/world - mayor - 12 - results.html，访问时间：2015 年 2 月 19 日。

[23] "Soal Pemimpin，Pilihan Dan Kehormatan Hidup，" http%3A%2F%2Fpolitik. kompasiana.com%2F2014%2F06%2F22%2Fsoal - pemimpin - pilihan - dan - kehormatan - hidup - 660044.html，访问时间：2015 年 2 月 20 日。

第六章

[1] Alberthiene Endah，*Jokowi：Memimpin Kota，Menyentuh Jakarta*，Metagraf Tahun Terbit，2012，hlm. 188 - 189.

[2] "Jakarta Bebas Banjir，Peta Saluran Saja Tak Punya，" Http://www.megapolitan.kompas.com/read/2013/10/24/0845233/Jakarta - Bebas - Banjir - Peta - Saluran - Saja - Tak - Punya，访问时间：2015 年 2 月 2 日。

[3] "6 Cara Jokowi Atasi Banjiri Jakarta，" http://www.tempo.co/read/news/2013/01/21/064455822/6 - Cara - Jokowi - Atasi - Banjir - Jakarta，访问时间：2015 年 2 月 2 日。

[4] "7 Jurus Andalan Jokowi Atasi Banjir Jakarta，" http://www.tempo.co/read/news/2013/03/05/064465138/7 - Jurus - Andalan - Jokowi - Atasi - Banjir，访问时间：2015 年 2 月 5 日。

[5] "Jokowi：Pusing Saya Ngebahas Banjir，" http://www.megapolitan.kompas.com/read/2014/01/21/1024371/Jokowi -

Pusing – Saya – Ngebahas – Banjir，访问时间：2015 年 2 月 5 日。

[6] “Waduk Ria Rio Beruba, Hilangkah Ciri Khas sarang Penyamun,” http://www.megapolitan.kompas.com/read/2013/09/27/2008141/Waduk – Ria – Rio – Berubah – Hilanglah – Ciri – Khas – Sarang – Penyamun，访问时间：2015 年 2 月 3 日。

[7] “Kondisi Ibu Kota Lebih Baik pada 2014 Dibanding 2013,” http://www.megapolitan.kompas.com/read/2015/01/07/15480331/ Litbang.Kompas. Kondisi. Ibu.Kota. Lebih. Baik. Tahun.2014. Dibanding.Tahun.2013，访问时间：2015 年 2 月 3 日。

[8] “Kondisi Ibu Kota Lebih Baik pada 2014 Dibanding 2013,” http://www.megapolitan.kompas.com/read/2015/01/07/15480331/Litbang.Kompas.Kondisi.Ibu.Kota.Lebih.Baik.Tahun.2014.Dibanding.Tahun.2013，访问时间：2015 年 2 月 3 日。

[9] “Janji Jokowi dan Realisasi Penataan Kampung Kumuh,” http://www.megapolitan.kompas.com/read/2013/10/14/1912417/Janji.Jokowi.dan.Realisasi.Penataan.Kampung.Kumuh，访问时间：2015 年 2 月 6 日。

[10] “Jokowi Sadari Masih Utang Banyak pada Jakarta,” http://www.megapolitan.kompas.com/read/2014/10/15/10195221/Jokowi.Sadari.Masih.Utang.Banyak.Pada.Jakarta，访问时间：2015 年 2 月 6 日。

[11] “Masayarakat Sipil Menilai LKPJ Gubernur Provinsi DKI Jakarta Tahun 2013,” http://www.megapolitan.kompas.com/read/2014/01/21/1024371/Jokowi – Pusing – Saya – Ngebahas – Banjir,

访问时间：2015 年 2 月 5 日。

[12] http://www. kopel – online. or. id/wp – content/uploads/2014/07/Buku – lengkap. pdf，访问时间：2015 年 4 日。

[13] “6 Cara Jokowi Atasi Banjir Jakarta,” http://www. tempo. co/read/news/2013/01/21/064455822/6 – Cara – Jokowi – Atasi – Banjir – Jakarta，访问时间：2015 年 2 月 2 日。

[14] “7 Jurus Andalan Jokowi Atasi Banjir Jakarta,” http://www. tempo. co/read/news/2013/03/05/064465138/7 – Jurus – Andalan – Jokowi – Atasi – Banjir,访问时间：2015 年 2 月 5 日。

[15] “Inilah 59 Jalan di Jakarta yang Rawan Macet,” http://www. metropolitan. inilah. com/read/detail/1762374/inilah – 59 – jalan – di – jakarta – yang – rawan – macet，访问时间：2015 年 2 月 5 日。

[16] “Apa Kabar 17 Langkah Atasi Macet? ” http://www. news. detik. com/read/2012/12/26/093947/2126614/103/apa – kabar – 17 – langkah – atasi – macet，访问时间：2015 年 2 月 6 日。

[17] Alberthiene Endah, *Jokowi*: *Memimpin Kota*, *Menyentuh Jakarta*, Metagraf Tahun Terbit: 2012, hlm. 193.

[18] “Kinerja Jokowi-Ahok Dinilai Fenomenal,” http://www. republika. co. id/berita/nasional/jabodetabek – nasional/13/10/17/musql8 – kinerja – jokowi – ahok – dinilai – fenomenal，访问时间：2015 年 2 月 6 日。

[19] “Jika Berpikir Politik Kami Rugi Beresi Jakarta Sekarang,” http://www. megapolitan. kompas. com/read/2013/11/

11/1307046/Basuki. Jika. Berpikir. Politik. Kami. Rugi. Beresi. Jakarta. Sekarang，访问时间：2015 年 2 月 6 日。

[20] "Jika Berpikir Politik Kami Rugi Beresi Jakarta Sekarang," http://www. megapolitan. kompas. com/read/2013/11/11/1307046/Basuki. Jika. Berpikir. Politik. Kami. Rugi. Beresi. Jakarta. Sekarang，访问时间：2015 年 2 月 6 日。

[21] "Kepepimpinan Politik Gubernur Jokowi dalam Merelokasi Pedagang Kaki Lima di Pasar Tanah Abang Jakarta Tahun 2013," http://www. academia. edu/8311731/Kepemimpinan_Politik_Gubernur_Jokowi_dalam_Relokasi_Pedagang_Kaki_Lima_di _Pasar_Tanah_Abang_Jakarta_Tahun_2013，访问时间：2015 年 2 月 7 日。

[22] Alberthiene Endah, *Jokowi: Memimpin Kota, Menyentuh Jakarta*. Metagraf Tahun Terbit: 2012, hlm. 111 - 112.

[23] "Kepemimpinan Politik Gubernur Jokowi dalam Relokasi Pedagang Kaki Lima di Pasar Tanah Abang Jakarta Tahun 2013," http://www. academia. edu/8311731/Kepemimpinan _ Politik _ Gubernur_Jokowi_dalam_Relokasi_Pedagang_Kaki_Lima_di _Pasar_Tanah_Abang_Jakarta_Tahun_2013，访问时间：2015 年 2 月 7 日。

[24] "Kepemimpinan Politik Gubernur Jokowi dalam Relokasi Pedagang Kaki Lima di Pasar Tanah Abang Jakarta Tahun 2013," http://www. academia. edu/8311731/Kepemimpinan _ Politik _ Gubernur_Jokowi_dalam_Relokasi_Pedagang_Kaki_Lima_di _Pasar_

Tanah_Abang_Jakarta_Tahun_2013，访问时间：2015 年 2 月 7 日。

[25] http://www.id.wikipedia.org/wiki/Karier_Joko_Widodo_sebagai_Gubernur_DKI_Jakarta，访问时间：2015 年 2 月 8 日。

[26] "Reformasi Sistem Birokrasi di Era Jokowi," http://www.news.detik.com/read/2014/11/17/112836/2750103/103/reformasi - sistem - birokrasi - di - era - jokowi，访问时间：2015 年 7 日。

[27] http://www.kumoro.staff.ugm.ac.id/file_artikel/Lelang Jabatan.pdf，访问时间：2015 年 2 月 1 日。

[28] http://www.academia.edu/5483862/MAKALAH_KPA_LELANG_JABATAN，访问时间：2015 年 1 月 2 日。

[29] "Jokowi Akan Copt Camat dan Lurah yang Tak Sesuai harapan Masyarakat," http://www.news.detik.com/read/2013/10/08/174022/2381695/10/jokowi - akan - copot - camat - dan - lurah - yang - tak - sesuai - harapan - masyarat，访问时间：2015 年 1 月 4 日。

[30] "Kinerja Jowow Ahok Dinilai Fenomenal," http://www.republika.co.id/berita/nasional/jabodetabek - nasional/13/10/17/musql8 - kinerja - jokowi - ahok - dinilai - fenomenal，访问时间：2015 年 2 月 6 日。

[31] "Program Lelang Jabatan akan Perebutan 180 Kursi," http://www.news.detik.com/read/2013/11/24/150347/2421933/10/program - lelang - jabatan - akan - perebutan - 180 - kursi - kepala -

sekolah - di - dki，访问时间：2015 年 2 月 7 日。

[32] "6800 PNS DKI Akan Ikuti Tes Penempatan Ulang," http://www.news.detik.com/read/2014/03/14/121540/2525742/10/6800 - pns - dki - akan - ikuti - tes - penempatan - ulang，访问时间：2015 年 1 月 20 日。

[33] "6800 PNS DKI Akan Ikuti Tes Penempatan Ulang," http://www.news.detik.com/read/2014/03/14/121540/2525742/10/6800 - pns - dki - akan - ikuti - tes - penempatan - ulang，访问时间：2015 年 1 月 20 日。

[34] "2227 PNS DKI Ikuti Lelang Jabatan," http://www.news.detik.com/read/2014/05/17/151144/2584733/10/2227 - pns - dki - ikuti - lelang - jabatan，访问时间：2015 年 1 月 20 日。

第七章

[1] "Survey PWS: 70 Persen Dukung Jokowi Capres 2014," http://www.beritasatu.com/megapolitan/147043 - survei - pws - 70 - persen - dukung - jokowi - capres - 2014.html，访问时间：2015 年 2 月 10 日。

[2] "Jokowi Ogah Urusi 'Black Compaign'," http://nasional.kompas.com/read/2014/05/20/2241336/Jokowi.Ogah.Urusi.Black.Campaign，访问时间：2015 年 1 月 10 日。

[3] "Ini isi Lengkap Perjanjian Batu Tulis," http://pemilu.tempo.co/read/news/2014/03/17/269562981/Ini - Isi -

Lengkap – Perjanjian – Batu – Tulis，访问时间：2014 年 5 月 1 日。

[4] " Ahok Dukung Jokowi jadi Capres," http://www.antaranews.com/berita/424043/ahok – dukung – jokowi – jadi – capres，访问时间：2014 年3 月15 日。

第八章

[1] Tulus, Warsito. "Geostrategi Maritim Indonesia Dalam Perspektif Diplomasi," *Jalan Kemandirian Bangsa*, Jakarta: Kompas Gramedia, 2014, hlm. 149 – 156.

[2] "Indonesia under Jokowi: A Foreign Policy Driven by a 'Global Maritime Nexus'," http://cogitasia.com/indonesia – under – jokowi – a – foreign – policy – driven – by – a – global – maritime – nexus/，访问时间：2015 年2 月15 日。

[3] " Low Defense Budget Hampers Ability," http://www.thejakartapost.com/news/2014/04/03/low – defense – budget – hampers – ability.html，访问时间：2015 年2 月15 日。

[4] "President-elect Jokowi Calls for United Indonesia," http://en.tempo.co/read/news/2014/07/23/055595130/President – Elect – Jokowi – Calls – for – United – Indonesia，访问时间：2015 年2 月15 日。

[5] Buwono X, Hamengku, *Budaya Maritim Indonesia, Peluang, Tantangan, dan Strategi*, Rep. Yogyakarta: 2014, Print, Sarasehan.

[6] "Hasjim Djalal: Standing for a Maritime Nation," http://www.thejakartapost.com/news/2014/04/21/hasjim-djalal-standing-a-maritime-nation.html，访问时间：2015 年 2 月 15 日。

[7] Hasjim. Djalal, "Indonesia dan Konvensi Hukum Laut PBB 1982," *Jalan Kemandirian Bangsa*, Jakarta: Kompas Gramedia, 2014, hlm. 53-73.

[8] Hamengku. Buwono X, *Budaya Maritim Indonesia, Peluang, Tantangan, dan Strategi*, Rep, Yogyakarta: 2014, Print, Sarasehan.

[9] Dubes Prancis, "Marine Techno Park", http://www.antaranews.com/berita/478742/dubes-prancis--marine-techno-park-dibahas-minggu-ini，访问时间：2015 年 2 月 16 日。

[10] "Indonesia-Belanda Bahas Program Kemaritiman," http://www.indopos.co.id/2015/02/indonesia-belanda-bahas-program-kemaritiman.html，访问时间：2015 年 2 月 16 日。

[11] Manurung, Hendra, "Impact of Joko 'Jokowi' Widodo leaderships on Indonesia's World Maritime Axis," (October 16, 2014), http://ssrn.com/abstract=2510986 orhttp://dx.doi.org/10.2139/ssrn.2510986.

[12] "Indonesia-Belanda Bahas Program Kemaritiman," http://www.indopos.co.id/2015/02/indonesia-belanda-bahas-program-kemaritiman.html，访问时间：2015 年 2 月 16 日。

[13] "Indonesia as a Maritime Power: Jokowi's Vision, Strategies, and Obstacles Ahead," http://www.brookings.edu/research/articles/2014/11/indonesia - maritime - liow - shekhar，访问时间：2015 年 2 月 15 日。

[14] "UU Kelautan: Kebangkitan Indonesia Menuju Negara Maritim," http://www.antaranews.com/berita/456131/uu - kelautan - - kebangkitan - indonesia - menuju - negara - maritim，访问时间：2015 年 2 月 15 日。

[15] "Bahas Kedaulatan pangan, Presiden Kumpulkan Bupati se-Jawa dan Maluku," http://www.beritasatu.com/nasional/248740 - bahas - kedaulatan - pangan - presiden - kumpulkan - bupati - sejawa - dan - maluku.html，访问时间：2015 年 2 月 16 日。

[16] Manurung, Hendra, "Impact of Joko 'Jokowi' Widodo Leaderships on Indonesia's World Maritime Axis" (October 16, 2014), http://ssrn.com/abstract = 2510986 or http://dx.doi.org/10.2139/ssrn.2510986.

[17] "Defining Jokowi's Vision of a Maritime Axis," http://www.thejakartapost.com/news/2014/10/21/defining - jokowi - s - vision - a - maritime - axis.html，访问时间：2015 年 2 月 15 日。

[18]《海洋与渔业部长 Susi Pudjiastuti 将施行区域限制捕鱼》, http://www.shangbaoindonesia.com/indonesia - berita/%E6%B5%B7%E6%B4%8B%E4%B8%8E%E6%B8%94%E4%B8%9A%E9%83%A8%E9%95%BFsusi - pudjiastuti - %E5%

B0% 86% E6% 96% BD% E8% A1% 8C% E5% 8C% BA% E5% 9F% 9F% E9% 99% 90% E5% 88% B6% E6% 8D% 95% E9% B1% BC. html，访问时间：2015 年 2 月 15 日。

[19] Djalal, Hasjim, "Indonesia dan Konvensi Hukum Laut PBB 1982", *Jalan Kemandirian Bangsa*, Kompas Gramedia, 2014, hlm. 53 – 73.

[20]《印尼炸沉越南渔船后再扣押 22 艘中国渔船》，http://mil. news. sina. com. cn/2014 – 12 – 09/1813814644. html，访问时间：2015 年 2 月 15 日。

[21]《海洋与渔业部长 Susi Pudjiastuti 将施行区域限制捕鱼》，http://www. shangbaoindonesia. com/indonesia – berita/% E6% B5% B7% E6% B4% 8B% E4% B8% 8E% E6% B8% 94% E4% B8% 9A% E9% 83% A8% E9% 95% BFsusi – pudjiastuti – % E5% B0% 86% E6% 96% BD% E8% A1% 8C% E5% 8C% BA% E5% 9F% 9F% E9% 99% 90% E5% 88% B6% E6% 8D% 95% E9% B1% BC. html，访问时间：2015 年 2 月 15 日。

[22]《印尼总统施铁腕　已炸沉 30 艘外国船》，http://news. ltn. com. tw/news/politics/paper/840580，访问时间：2015 年 2 月 16 日。

[23]《印尼炸沉越南渔船后再扣押 22 艘中国渔船》，http://mil. news. sina. com. cn/2014 – 12 – 09/1813814644. html，访问时间：2015 年 2 月 15 日。

[24] "We are Waiting for You to Invest in Indonesia," Jokowi Tells APEC in Speech, http://thejakartaglobe. beritasatu. com/

news/waiting-invest-indonesia-jokowi-tells-apec-speech/，访问时间：2015 年 2 月 16 日。

[25] “Menteri Susi Larang Aktivitas Tambang di Pesisir Pantai,” http://www. cnnindonesia. com/ekonomi/20150211120611 - 85 - 31275/menteri - susi - larang - aktivitas - tambang - di - pesisir - pantai/，访问时间：2015 年 2 月 16 日。

[26] Anggaran Susi Terbesar Dalam Sejarah Kementerian Kelautan, http://www. cnnindonesia. com/ekonomi/20150126154234 - 78 - 27446/anggaran-susi-terbesar-dalam-sejarah-kementerian-kelautan/，访问时间：2015 年 2 月 16 日。

[27] Warsito, Tulus, “Geostrategi Maritim Indonesia Dalam perspektif diplomasi”, *Jalan Kemandirian Bangsa*, Kompas Gramedia, 2014, hlm. 149 - 156.

[28] “DPD Dorong Pemerintah Kelola Laut Lepas,” http://www. indopos. co. id/2015/02/dpd - dorong - pemerintah - kelola - laut - lepas. html，访问时间：2015 年 2 月 16 日。

[29] “Potensi pariwisata kepulauan Indonesia Rp 4. 000 triliun,” http://www. antaranews. com/berita/476994/potensi - pariwisata - kepulauan - indonesia - rp4000 - triliun，访问时间：2015 年 2 月 16 日。

[30] “Industri Pariwisata RI Kalah Dari Negara Tetangga, Jokowi Kumpulkan Menteri,” http://economy. okezone. com/read/2015/02/16/320/1106289/industri - pariwisata - ri - kalah - dari - negara - tetangga - jokowi - kumpulkan - menteri，访问时间：2015

年2月16日。

[31] “Wapres dan Sejumlah Menteri Bahas Pariwisata Indonesia,” http://ekonomi. metrotvnews. com/read/2015/02/05/354300/wapres – dan – sejumlah – menteri – bahas – pariwisata – indonesia，访问时间：2015年2月16日。

[32] “Australia ancam boikot pariwisata，Jokowi cuek?” http://www. tempo. co/read/news/2015/02/14/078642437/Australia – Ancam – Boikot – Pariwisata – Jokowi – Cuek，访问时间：2015年2月16日。

[33]《抢观光财印尼明年推5国免签》，http://www. merit – times. com/newspage. aspx? unid = 377180，访问时间：2015年2月16日。

[34] “Wapres dan sejumlah menteri bahas pariwisata Indonesia,” http://ekonomi. metrotvnews. com/read/2015/02/05/354300/wapres – dan – sejumlah – menteri – bahas – pariwisata – indonesia，访问时间：2015年2月16日。

[35] “Indonesia-Thailand Kembangkan Tiga Program Pariwisata,” http://www. indopos. co. id/2015/02/indonesia – thailand – kembangkan – tiga – program – pariwisata. html，访问时间：2015年2月16日。

[36] Shekhar, Vibhanshu, and Joseph Chinyong Liow, *Indonesia as a Maritime Power: Jokowi's Vision, Strategies, and Obstacles Ahead*, Rep. Brookings, Nov 2014. Web 15 Feb, 2015, < http://www. brookings. edu/research/articles/2014/11/indonesia –

maritime – liow – shekhar >.

[37] Henry Sandee, "Promoting Regional Development in Indonesia through better Connectivity," The World Bank News and Broadcast, http://go.worldbank.org/Z6VE3IDAF0, 访问日期：2014年9月24日。

[38] Warsito, Tulus, "Geostrategi Maritim Indonesia Dalam Perspektif Diplomasi", *Jalan Kemandirian Bangsa*, Kompas Gramedia, 2014, hlm. 149 – 156.

[39] "We are Waiting for You to Invest in Indonesia," Jokowi tells APEC in Speech, http://thejakartaglobe.beritasatu.com/news/waiting – invest – indonesia – jokowi – tells – apec – speech/, 访问时间：2015年2月16日。

[40] "Jokowi Outlines His Maritime Doctrine," http://www.futuredirections.org.au/publications/indian – ocean/29 – indian – ocean – swa/2035 – jokowi – outlines – his – maritime – doctrine.html, 访问时间：2015年2月16日。

[41] "Jokowi Asks for Japan's Help on Infrastructure Projects," http://thejakartaglobe.beritasatu.com/business/jokowi – asks – japans – help – infrastructure – projects/, 访问时间：2015年2月16日。

[42] FM to Realize Jokowi's Maritime – Axis Vision, http://www.thejakartapost.com/news/2014/10/30/fm – realize – jokowi – s – maritime – axis – vision.html, 访问时间：2015年2月16日。

[43] Djalal, Hasjim, "Indonesia dan Konvensi Hukum Laut

PBB 1982”, *Jalan Kemandirian Bangsa*, Kompas Gramedia, 2014, hlm. 53 – 73.

[44] “FM to Realize Jokowi's Maritime-Axis Vision,” http://www.thejakartapost.com/news/2014/10/30/fm-realize-jokowi-s-maritime-axis-vision.html，访问时间：2015年2月16日。

[45] Billy：《佐科威访马成果丰硕：两国达成五项重要共识》，《印华日报》2015年2月7日。

[46] “Indonesia dan Filipina Galakkan Kerja Sama Maritim,” http://apdforum.com/id/article/rmiap/articles/online/features/2015/02/12/indonesia-philippines-cooperation，访问时间：2015年2月16日。

[47] “Indonesia, Singapore Agree on Border Between Batam Island and Changi,” http://thejakartaglobe.beritasatu.com/news/indonesia-singapore-agree-border-batam-island-changi/，访问时间：2015年2月16日。

[48] “RI Lacks Deterrence Force: Juwono,” http://www.thejakartapost.com/news/2007/03/22/ri-lacks-deterrence-force-juwono.html，访问时间：2015年2月16日。

[49] “Joko Widodo's Blunt Warning to Prime Minister Tony Abbott,” http://www.smh.com.au/federal-politics/political-news/joko-widodos-blunt-warning-to-prime-minister-tony-abbott-20141017-117l9i.html，访问时间：2015年2月16日。

[50] “FM to Realize Jokowi's Maritime-axis Vision,” http://

www. thejakartapost. com/news/2014/10/30/fm – realize – jokowi – s – maritime – axis – vision. html，访问时间：2015 年 2 月 16 日。

[51] "Joko Widodo's Blunt Warning to Prime Minister Tony Abbott," http://www. smh. com. au/federal – politics/political – news/joko – widodos – blunt – warning – to – prime – minister – tony – abbott – 20141017 – 117l9i. html，访问时间：2015 年 2 月 16 日。

[52] Buwono X, Hamengku, *Budaya Maritim Indonesia*, *Peluang*, *Tantangan*, *Dan Strategi*, Sarasehan, 2014.

[53] Chen, Jonathan, Andrea Gleason, Dr Greta Nabbs-Keller, Natalie Sambhi, and Kyle Springer, *New Perspectives on Indonesia: Understanding Australia's Closest Asian Neighbour*, Rep.: Perth USAsia Center, 2014.

[54] "Jokowi-Jusuf Kalla Vision-Mission and Action Program," http://kpu. go. id/koleksigambar/VISI_MISI_Jokowi – JK. pdf，访问时间：2015 年 2 月 17 日。

"Indonesia as a Maritime Power: Jokowi's Vision, Strategies, and Obstacles Ahead," http://www. brookings. edu/research/articles/2014/11/indonesia – maritime – liow – shekhar，访问时间：2015 年 2 月 15 日。

[55] "Jokowi Outlines His Maritime Doctrine," http://www. futuredirections. org. au/publications/indian – ocean/29 – indian – ocean – swa/2035 – jokowi – outlines – his – maritime – doctrine. html，访问时间：2015 年 2 月 16 日。

[56] "Indonesia under Jokowi: A Foreign Policy Driven by a

"Global Maritime Nexus," http://cogitasia.com/indonesia-under-jokowi-a-foreign-policy-driven-by-a-global-maritime-nexus/，访问时间：2015年2月15日。

[57] "Military Spending in South-east Asia: Shopping Spree," http://www.economist.com/node/21551056，访问时间：2015年2月16日。

[59] "Indonesia-Belanda Bahas Program Kemaritiman," http://www.indopos.co.id/2015/02/indonesia-belanda-bahas-program-kemaritiman.html，访问时间：2015年2月16日。

[60] Chen, Jonathan, Andrea Gleason, Dr Greta Nabbs-Keller, Natalie Sambhi and Kyle Springer, *New Perspectives on Indonesia: Understanding Australia's Closest Asian Neighbour*. Rep: Perth USAsia Center, 2014.

[61] Manurung, Hendra, "Impact of Joko 'Jokowi' Widodo leaderships on Indonesia's World Maritime Axis" (October 16, 2014), http://ssrn.com/abstract=2510986 orhttp://dx.doi.org/10.2139/ssrn.2510986.

[62] Manurung, Hendra, "Impact of Joko 'Jokowi' Widodo Leaderships on Indonesia's World Maritime Axis" (October 16, 2014), http://ssrn.com/abstract=2510986 orhttp://dx.doi.org/10.2139/ssrn.2510986.

[63] Chen, Jonathan, Andrea Gleason, Dr Greta Nabbs-Keller, Natalie Sambhi and Kyle Springer, *New Perspectives on Indonesia: Understanding Australia's Closest Asian Neighbour*, Rep:

Perth USAsia Center, 2014.

第九章

[1] Muhammad AS Hikam ed., "Menyongsong 2014 - 2019: Memperkuat Indonesia Dalam Dunia Yang berubah", CV Rumah Buku, 2014, hal. 27.

[2] [新加坡]《佐科：农渔产量增长平稳　印尼粮食四年内料可自给自足》，《联合早报》2015 年 2 月 18 日。

[3] "Ini 9 Program Nyata Jokowi-JK," http://pemilu.metrotvnews.com/read/2014/07/04/260963/ini - 9 - program - nyata - jokowi - jk，访问日期，2015 年 2 月 1 日。

[4] Muhammad AS Hikam ed., "Menyongsong 2014 - 2019: Memperkuat Indonesia Dalam Dunia Yang berubah", CV Rumah Buku, 2014, hal. 197.

[5] "Koalisi untuk Kepentingan Siapa," http://pemilu.tempo.co/read/analisa/32/Koalisi - untuk - Kepentingan - Siapa），访问日期，2015 年 2 月 1 日。

[6] "Ini 9 Program Nyata untuk Jokowi-JK," http://pemilu.metrotvnews.com/read/2014/07/04/260963/ini - 9 - program - nyata - jokowi - jk，访问日期，2015 年 12 月 1 日。

[7] "Pemerintahan Jokowi Naikkan Gaji PNS 6 Persen Tahun Depan, http://www.merdeka.com/uang/pemerintahan - jokowi - naikkan - gaji - pns - 6 - persen - tahun - depan.html，访问，2015 年 1 月 2 日。

[8] "Ahok: Tahun 2015, Gaji PNS Akan Dinaikkan, http://gumilang.me/611/ahok-tahun-2015-gaji-pns-akan-dinaikkan/，访问：2015年1月2日。

[9]《肃贪委挽救国家损失贡献大》，《千岛日报》2015年2月23日。

[10]《肃贪委时代将要结束了吗？》，《千岛日报》2015年2月7日。

[11]［印尼］意如香：《盘根错节的印尼石油黑帮　佐科维加大力度整改北塔米纳》，《千岛日报》2014年12月3日。

[12]［印尼］意如香：《盘根错节的印尼石油黑帮　佐科维加大力度整改北塔米纳》，《千岛日报》2014年12月3日。

[13] "Kendala dan Permasalahan Pembangunan Infrastruktur Versi Bappenas," http://www.republika.co.id/berita/nasional/umum/13/12/25/mybof9-kendala-dan-permasalahan-pembangunan-infrastruktur-versi-bappenas，访问时间：2015年1月2日。

[14] "Bappenas Ungkap Rencana Pembangunan Infrastruktur 2015-2019," http://bisnis.news.viva.co.id/news/read/560931-bappenas-ungkap-rencana-pembangunan-infrastruktur-2015-2019，访问时间：2015年2月2日。

[15] "Butuh Rp5.500 Triliun untuk Pembangunan Infrastruktur 2015-2019," http://bisnis.news.viva.co.id/news/read/560923-butuh-rp 5-500-triliun-untuk-pembangunan-infrastruktur-2015-2019，访问时间：2015年1月3日。

第十章

[1] David McRae, "Membaca Kebijakan Luar Negeri Indonesia", *Kompas*, 05-03-2014.

[2] "Menlu Paparkan Empat Program Prioritas," http://www.antaranews.com/berita/479769/menlu-paparkan-empat-program-prioritas，访问时间：2015年2月13日。

[3] "Jumlah TKI Capai 6,5 Juta, Tersebar di 142 Ncgara," http://finance.detik.com/read/2013/03/14/174040/2194313/4/jumlah-tki-capai-65-juta-tersebar-di-142-negara，访问时间：2015年2月1日。

[4] "TKI Illegal Capai 1,9 Juta Orang, Malaysia and Arab Saudi Jadi Negara Favorit," http://finance.detik.com/read/2015/02/16/131619/2834245/4/tki-ilegal-capai-19-juta-orang-malaysia-dan-arab-saudi-jadi-negara-favorit，访问时间：2015年2月16日。

[5] "Presiden Jokowi Ingin Stop Pengiriman PRT," http://www.antaranews.com/berita/480007/presiden-jokowi-ingin-segera-stop-pengiriman-prt?utm_source=related_news&utm_medium=related&utm_campaign=news，访问时间：2015年2月14日。

[6] "Jadi Mobnas Indonesia, Proton Berharap Bisa Bangkit Lagi," http://otomotif.kompas.com/read/2015/02/06/1940006/Jadi.Mobnas.Indonesia.Proton.Berharap.Bisa.Bangkit.Lagi，访问

时间：2015 年 2 月 6 日。

[7] “Kemenlu Undang Korut Hadiri Konferensi Asia Afrika,” http://www.tempo.co/read/news/2015/02/15/118642632/Kemenlu - Undang - Korut - Hadiri - Konferensi - Asia - Afrika，访问时间：2015 年 2 月 15 日。

[8] Monish Tourangbam, “India-Indonesia Relations: Rebuilding Beautiful Friendship”, India News & Feature Alliance, Feb. 07, 2011, http://www.sarkaritel.com/news_and_features/infa/february2011/07india_indonesia_relations.htm，访问时间：2015 年 1 月 2 日。

[9] “Di APEC Xi Jinping Berbagi Rahasia Kemajuan China ke Jokowi,” http://dunia.news.viva.co.id/news/read/558419 - di - apec - - xi - jinping - berbagi - rahasia - kemajuan - china - ke - jokow，访问时间：2015 年 2 月 2 日。

[10] “Presiden Jokowi Pastikan Tolak Semua Grasi Kasus Narkoba,” http://www.antaranews.com/berita/480011/presiden - jokowi - pastikan - tolak - semua - grasi - kasus - narkoba? utm_source = related_news&utm_medium = related&utm_campaign = news，访问时间：2015 年 2 月 14 日。

附　录

附录一　佐科经典语录

1. 在当前国家建设中，我们不倾向于实施自由主义原则，很显然，这与我们民族的价值、自身文化和特性不相符，是相互冲突的。使用“思想革命”这个名词并不为过，因为，印尼需要一个政治文化的突破，用于彻底铲除自新秩序时期以来任其发展的各种陋习。

——2014 年 5 月 10 日佐科在《罗盘报》撰文《思想革命》的重要观点

2. 思想革命意味着印尼人民必须认识到我们民族的本源。我们必须回归我们民族本来的特性，即民族的根、民族的源和民族的身份。

——2014 年 10 月 17 日佐科总统在卡尔蒂尼宫的讲话

3. 民主就是倾听人民心声并加以贯彻执行。

——2014 年 6 月 9 日佐科在总统候选人辩论会上的讲话

4. 印尼外交的基本原则是自主、积极，其目的在于增强国力。

——2014 年 6 月 22 日，佐科在总统候选人辩论会上的发言

5. 印尼外交策略要处理三个方面关系，即政府之间，企业之间与民间之间的关系。

——2014 年 6 月 22 日，佐科在总统候选人辩论会上的发言

6. 所谓领导人的明确果断就是要敢于拍板和敢于承担风险。 ——2014 年 6 月 22 日，佐科在总统候选人辩论会上的发言

7. 我是打工者，不是政治家。 我只知道，除了工作，还是工作。 我不管别人如何评价，污蔑也好，棒杀也好，捧杀也好，我都不在乎，重要的是工作。

——2013 年 12 月 12 日《罗盘报》以“佐科：我身上没有任何变化”一文报道佐科的口头禅

8. 无论是担任省长还是政府的任何职位，都应该服务社会。 千万不要把自己的部门建成独立王国，形成所谓的官僚主义等恶习。 政府公务员应该服务好社会，至少在办公室前台接待人员要会微笑，这是最低的要求。

——2013 年 8 月 28 日出席全国顾客大会的讲话

9. 对于企业家来说，最重要的资本就是胆量与勇气。

——2013 年 7 月 8 日在印尼大学“企业家精神公开课”上的演讲

10. 生产的产品要不断进行更新和变化以适应市场的需求，但是产品最终要有特性，以便与同类产品竞争，获得顾客的青

睐。

——2013 年7 月8 日在印尼大学“企业家精神公开课”的演讲

11. 我们必须竭尽全力，让印尼恢复成为一个海洋强国。我们已忽略海洋，海湾和海峡太久了，而海洋，海湾和海峡是我们文明的未来。现在适逢其时，让祖先的口号——“纵横四海”重新响彻云霄。

——佐科在总统就职演讲上的讲话

附录二　佐科总统的就职演说

（2014 年 10 月 20 日）

尊敬的人民协商会议领导和全体议员们，

尊敬的印尼共和国副总统，

尊敬的哈比比教授、博士，印尼共和国第三任总统，尊敬的梅加瓦蒂女士，印尼共和国第五任总统，尊敬的特里苏特里 · 斯诺先生，印尼共和国第六任副总统，哈姆扎 · 哈兹先生，印尼共和国第九任副总统，尊敬的苏西洛 · 邦邦 · 尤多约诺教授、博士，印尼共和国第六任总统，尊敬的布迪约诺教授、博士，印尼共和国第十一任副总统，

尊敬的辛达 · 努利雅 · 阿布杜拉赫曼 · 瓦希德夫人，

尊敬的同事，我的好朋友，普拉博沃 · 苏比安托先生，尊敬的哈达 · 拉查沙先生，

尊敬的各个国家最高机构的各位领导，

尊敬的各国元首和政府首脑以及友好国家的特使，
各位来宾，尊敬的受邀嘉宾，
兄弟们、姐妹们：

尊敬的在座各位，

刚才，我们进行了宣誓，誓词里具有深刻的精神内涵，强调我们的承诺，我们将努力奋斗以实现建设一个伟大国家的理想。

现在正是我们万众一心、团结一致的时候，现在也是我们共同承担继承历史重任的时候，实现拥有政治独立，经济自立和自身文化特性的印度尼西亚。

我相信，通过团结互助和艰苦奋斗，我们能够担负这个历史重任。团结与互助是我们成为一个伟大国家的先决条件，如果陷入争吵和分裂，我们将无法实现伟大国家的目标。如果不努力奋斗，我们就不能享有真正的独立。

我领导的政府，将致力于让全国人民感受到政府是为人民服务的，我要求国家所有机构以同样的精神履行各自的职责。我相信，只要国家所有机关贯彻执行宪法赋予的职责，这个国家将日益强大和有威望。

对于渔民、工人、农民、小贩、司机、学者、教师、军人、警察、商人和专业人士，我呼吁大家携手并肩、团结互助，努力工作，让我们在这个历史时刻一起工作，工作，再工作。

尊敬的来宾们，

我们也希望成为一个屹立于世界民族之林，享有荣耀、地位和自尊，可以谱写自己的文明，并为促进世界文明做出贡献的伟大国家。

我们必须竭尽全力，让印尼恢复成为一个海洋强国。我们已忽略海洋、海峡和海湾太久了，而海洋、海峡和海湾是我们文明的未来。 现在恰逢其时，让祖先的口号“纵横四海”重新响彻云霄。

同胞们，兄弟们，

建设伟大国家的宏伟目标，不可能由总统、副总统，或我领导的政府独自完成，而需要全民族团结的集体力量来支撑。

未来五年是我们成为一个独立自主国家的关键时期，因此，首要是努力，努力，再努力！ 我相信，通过互助合作和努力奋斗，我们将能维护国家主权，提高人民福利和民族智慧，并参与建立基于独立自主，持久和平和社会正义的世界秩序。

同胞们，兄弟们，

我谨代表印尼政府和人民，向出席典礼的外国国家元首、政府首脑以及友好国家的特使，表示衷心的感谢。

我要强调的是，印尼作为全世界穆斯林人口最多的第三大民主国家，作为一个岛国，以及作为东南亚最大的国家，在我的领导下将继续执行符合国家利益的，自主、积极的外交政策。

在这个历史性时刻，请允许我代表个人，代表尤素福 · 卡拉副总统，并代表印尼人民，向在过去五年中领导这个国家的苏西洛前总统和布迪约诺前副总统表示感谢和赞赏。

尊敬的在座各位，

在结束演讲前，我希望全国同胞，谨记开国总统朋加诺的嘱托，就是把印尼建设成一个繁荣、富强、和平与伟大的国家。我们必须拥有海洋国家的灵魂和敢于在大洋中搏击风浪的航海家精神。

作为受人民嘱托的领航人，我呼吁全国人民同舟共济，一起奔向伟大的印度尼西亚。我们将升起强大的风帆，我们将用我们巨大的力量迎接所有海洋上的风暴与巨浪。我将服从人民的愿望和遵从宪法。愿全能的真主赐福。

独立万岁！独立万岁！独立万岁！

附录三　总统和副总统候选人第一场辩论

（2014 年 6 月 9 日）

主题：建设民主、廉洁和法治政府

地点：雅加达萨比尼宫

主持人：查纳尔·阿里菲·莫塔尔博士（卡查玛达大学）

辩论人：1 号总统和副总统候选人（普拉博沃·苏比安托—哈达·拉查萨）

2 号总统和副总统候选人（佐科·维多多—优素福·卡拉）

第一环节　阐述观点

主持人：请 1 号总统和副总统候选人用 6 分钟陈述你们观点。

普拉博沃：我们必须继续发展民主事业，因为民主是我们开国元勋为之奋斗的理想的重要组成部分，是我们付出诸多牺牲和代价争取而来的。我们的民主仍存在许多问题，民众需要政治教育，他们才刚刚感觉到拥有参与大选的权利，但是并未能认识到这种权利能在完全光明和责任感之下行使有多么重要。

廉洁的政府，是实现印尼有主权，团结，公正和繁荣，为印尼人民带来福祉这一终极目标的绝对条件。民主是工具，是达到印尼富强和安宁理想的阶梯。我们需要有建设性，而不是破坏性的民主，我们需要能带来人们繁荣的民主。这是对廉洁而没有腐败的政府一个绝对要求。

法制是全体印尼人民的保证，用以维护民主并为印尼人民带来繁荣安定。

哈达：民主必须消除歧视，保障人权。法律必须是平等的，每个公民在法律面前一律平等。民主不只是一个工具，还带我们走向繁荣，是我们应该坚持的价值体系。民主应该体现在所有公民都能不受歧视地行使权利，并使各个民主机构顺利运行。

主持人：请佐科陈述你的观点，6 分钟。

佐科：民主对我们来说是倾听人民的心声，并加以贯彻执行。因此，我们每天都到村庄里、河岸边、市场、鲜鱼拍卖场，因为我们想听听人民的声音，要对话和寻求良策。卡拉先生已经通过对话和协商解决了很多冲突。同样，在达拿旺市场，我们一起吃饭、商议，以便让小摊贩在市场变迁中获得好处。

廉洁的政府需要做两件事，第一是体制建设。无论是作为市长，还是省长，我们都要推行电子政务，即电子预算，电子采购，电子目录，电子审计，网上税务。如果我们佐科—卡拉组合得到人民的信任，领导这个国家，我们可以在全国推广电子政务。

第二种是正确的招聘形式。通过选拔和公开推荐公务员，不让国家机关单位的负责人因为喜好或裙带关系上任。

卡拉：我们的国家是法治国家，必须服从并确保遵守法制。其中一个条件是尊重人权。法制的基本事项须公开进行，并且不能没有典范。领导者必须遵守人权。

现在公众对法律机关的信任在减少。肃贪委员会应进一步扩大，调查员不能只有60人，应增加预算和加大支持力度。警方和检察机关应与所有这些同步，缺乏二者将不可能带来法律的确定性。

第二环节　提问

主持人：第一个问题给佐科—卡拉。在1945年宪法框架下，不仅有了国家总方针，而且也制订了短期、中期和长期的建设计划。就长期规划而言，必须与前任政府的建设有承接关系。对当下正在继续的建设有何评价？你们应该如何改善尚未成功的建设，或是改变它？

佐科：不论是谁做总统，副总统，最好都把长期规划作为参考，没有这（长期规划）建设我国的现代化将被打断。好的，我们继续，不好的我们将进行评估，但是未来的新政府，我们应该设定原则，包括意识形态。我们不想放弃长期和中期计划，因为它是方向，是这个国家前进的最终点。但原则和意识形态是我们必须保持的。

卡拉：对于五年建设计划要评估。我们的经济已经下滑了，财政赤字，所有的石油产量下降。未来政府必须改善这一切。之前的经济增长率在7%，现在5%。必须对效率进行改革，还应该有思想建设规划，来自教育体系的智力革命，减少腐败。没有好的政府，那些改变不会发生。

佐科：计划是重要的，但是每一秒，每一天，每一周，如何执行，实施（更重要），因为在我们来说，最薄弱的是管理和监督。

主持人：对普拉博沃—哈达的提问。印尼的腐败指数仍然较高，法庭黑手党（律师、法官等在法庭上结党营私）使得法律对下严格对上宽松。现在的问题是，是否有具体的安排来改善这种情况？请让人们相信你是作为一个公平和保障人权的领导的合适人选。

普拉博沃：腐败，影响政府工作能力，正义在权钱交易面前显得虚弱，这是印尼的常见问题。一切源于国家财富的流失。流失的原因在于国家没有足够的财力保证官员和执法人员的福利。县长的工资微薄而竞选宣传花费150亿印尼盾，其结果就是他们将从国家收支预算（APBN）中攫取。

部长们也一样，他们的工资现在是1800万印尼盾，而其所承担的责任非常重大。官员担心未来和退休后仍需赚钱。我们的民主制度如此自由，要求各政治领袖找钱，所以他们会依靠其在国会和各部委的官员。印尼精英阶层也疏忽了，让我们的经济资源过多流向国家外部。 如果我们要减少腐败，我们必须保证公务员的生活质量。

法官，警察，检察官，所有执法人员，身居重要部门的官员，应保证法律的威严。 说明一个情况，英国最高法官的工资高于英国首相。 如果我们想要解决这个那个问题，最终都是钱的问题。 教育要改进，需要大量的资金投入。 就公开竞聘而言，我同意佐科—卡拉，通过公开竞聘的体系获取最优秀的人才。 通过现代技术，我们可以减少这些流失。

哈达：我们应该通过加强肃贪委员会，积极主动进行预防和打击腐败。 第一，预防，第二，监督。 所有机构应负担起其职能。

主持人：政党和议会选举的成本都非常昂贵，从而导致政党成员和议员的腐败行为。 在许多国家的政党和议会成员都存在腐败现象。 作为总统或副总统候选人，支持您的政党可能会面临同样的问题。 而事实上，作为未来的总统，您需要议会的支持。 如果您当选，您会采取什么具体措施，让您的政府廉洁、高效、稳定？ 对于支持您的政党，您如何避免回报纠葛和为其提供赚钱便利？

普拉博沃：这是核心的问题。 没有不好的跟随者，只有不好的领导人。 作为一个领导者，如果我们让合作伙伴坚信，我们合作和联盟以不损害国家/地方收支预算为条件，这是我的原则。

所有政党，都有许多好党员和爱国者，都想要建设我们的民族和国家。 他们的理想就是建设国家。 我们一致同意不拿国家/地方预算任何一分钱。

我们的经济规模非常庞大，我们的财富和潜力是巨大的。我们必须创造现代社会的气氛，使人们为各自的政党出力。我们希望党员干部支持政党事业。

哈达：总统的权力是民众授予的，而不是政治党派给予的。因此，不要屈服于政党的需求。总统需要牢牢坚持长期建设规划。此外，不要把部长选拔置于政党联盟的指标分配之中。重要的是把机会给予最适合组成专业内阁的国家的优秀人才。

在以钱说话的地方，地方首长选举应有严格的监督。我们决心进行改变，选举应该不花费那么多钱，但能推选出最好的新一代领导人。民主真正来自于人民，真正为人民为印尼繁荣服务。

佐科：应该有政治录用的新方式，比如在印尼民主斗争党（PDIP），我不是党主席，但我是总统候选人，因为之前有良好的政绩。从一开始，我希望建立一个无条件联盟，不需要太多政党,但以人民利益优先，不分配部长职位，以规避利益分配。在开展竞选活动中，我们希望得到人民的支持，所以我们设立了一个人民互助账户，可以通过可靠机构进行审计，使我们不受权欲控制。

卡拉：支持我们的政党以诚信为基础进行合作。我们没有承诺让谁担任什么职务，让谁担任什么样的部长，这使得我们的成本低，所以没有压力。

根据我们所有的经验，谢天谢地，加入我们联盟的政党不多。所谓我们受到压制，不对，因为有诚意。真主保佑，因为诚意，我们能免于政党诉求。

佐科：总统候选人不是必须来自政党的主席。 这是我们应该开始的新传统，让站到前面的是最好的，而不是政党主席。

第三环节　法制

主持人：当前出现许多多数族裔对少数族裔的违反人权和明显损害“殊途同归”这一座右铭的民族主义现象。 您将建立怎样的法律政策来推动社会的“殊途同归”？ 您如何在争端各方中维持上述原则?

佐科：我们社会的多元化已成为共识。 我们不想老调重弹。 我举一个具体的例子，当在兰登 · 阿贡通过公开竞聘被任命苏珊做村长的时候，她的决策能力、行政能力、管理能力和领导能力都已经得到证明，但是后来因为宗教因素引起部分人抗议，我表示苏珊的任命是既成事实，不能任意改变。

卡拉：我们无法通过演讲来说服他人。 所有宗教和部族是这个国家的一部分。 我在波索、亚齐解决冲突的事例，可以作为我们能够解决不同信仰冲突的证明。

普拉博沃：1945 年宪法已经明确了保证社会的多元性和差异性。 我们已经很明确，也很坚定，包括指定来自少数族裔的钟万学作为佐科的副省长候选人。 少数民族裔钟万学提名为副省长时，作为大印尼运动党主席，我最坚决反对对钟万学候选人提名的攻击。

维护社会多元化的核心是教育，例如，和领导相关所有因素的典范。在每天的日常活动中，我们努力维护“殊途同归”。尤其是在录用和政治指导的过程。因此，大印尼运动党的承诺是明确的。我们不玩弄‘殊途同归’。

哈达：这个国家建立在印尼共和国统一国家、民族主义、多元文化主义的意愿之上。殊途同归不容置疑，殊途同归就是提倡多样性。我们都相信，允许存在差异是一种怜悯，照顾、维护的能力，多数和少数民族间要互相尊重，以便成为一个团结的民族。

普拉博沃：目前县长和市长的地方首长选举约 500 场，需要经费 500 万亿印尼盾，如通过地方议会将节约 13 万亿印尼盾。您将采取什么措施以使得地方选举更高效？目前政府预算负担已经很沉重，而佐科—卡拉是否将继续进行地方自治？

佐科：地方首长选举，包括县长和市长选举，应该保持与现在一致，但是选举程序和技术上应该进行一些调整，同时进行可以节约一些经费。

确实已经自治的地区如能更进一步促进省份和地方发展的，没有问题，但是根据核查和监督，如果他们无法自治，那么这样的自治就应该取消或是撤除。

重要的是不要再有通过游说，向中央施压的事情发生，但是应该仔细认真考虑，我们不能把预算全部用在自治上，不能乱用地区自治的服务和建设预算。地方自治许可的授权应该更加严格。

卡拉：地方首长选举受宪法保证，进行民主和直接选举。

我们不仅仅恢复地方首长选举，而且还保证其过程有效地展开。为了节约经费，将议会，总统、地方首长的 2 ~ 3 次选举结合起来，进行同时选举。

普拉博沃：批准或不批准自治的标准是什么？ 是根据人口数量？ 地理位置？ 还是安全因素考虑？ 您认为根据怎样的情况可以批准一个县的自治？

佐科：应该考虑的很多，第一是经济潜力，是否足够支持其自立？ 意思是说，是否有地方收入（PAD）支撑经济？ 是否人民获益还是只是上层社会获利而已？ 地区面积必须作为考虑的因素，因为如果一个自治区只有一个县长，那么在为人民服务的时候就不会有效率。 人口数量也应该成为考虑的内容。 是否少数人口可以进行自治？ 可以的，只要能为人们带来尽可能多的益处。 考虑的核心就是为人民所用，而不是为了政治精英们。

卡拉：我应该表示感谢，因为普拉博沃—哈达组合 100% 同意我们的观点。 地方自治标准在于地方政府施政的效果与作用，其基本原则是能否对人民有益。 地方自治也不是根据地理位置或是人口数量划定的，而是根据地方政府是否有能力给当地人民提供服务为标准。

卡拉：普拉博沃—哈达将如何解决过去侵犯人权的事件？

普拉博沃：政府的主要任务是保护整个国家免受一切国内外威胁。 我服务国家几十年了，主要任务是预防极端势力威胁无辜民众的生命安全。 比如炸弹制造团伙，他们的做法就是对基本人权的威胁。 因此，作为一名军人，我的工作就是执行上级命令。 我明白您指的是什么，对此我问心无愧。 我现在站在这里，作为一名军人，已经尽善尽美地完成了我的任务。剩下的应由我的上司来评判。

可能这就是理由了吧，但不能说，我不能维护人权是因为我侵犯过人权？然而您并不理解，我们必须做出艰难的决定。

举例来说，在新加坡，持有炸弹就是死刑，不要说制造。那么，我是这个国家里最坚决的人权维护者。我的内心是干净的，我没有犹豫。

佐科：就维护人权和反对歧视有何具体措施?

卡拉：不是所有触犯人权的行为都与炸弹有关，例如 1998 年的时候。在 1998 年的事件中，普拉博沃上司对于他当时所采取的行动的看法是什么?

普拉博沃：具体做法源于教育，基本人权问题涉及各个部门，各个机构和每个官员的教育，因为经常会发现下级接到上级政治上不正确的命令，下属执行这些错误的命令，最终受到指责的却是这些下属。

就卡拉先生的问题，评价问题，在于我的上司，如果您想知道，可以向他询问。

哈达：其中一个基本权利是法律没有歧视，法律面前一律平等。不论任何情况都不能有歧视，不论其背景和宗教如何。如果我们得到（人民）委托，我们将认真仔细调查各部门出现的歧视问题，是否涉及财富资源，自然资源？是否仍有歧视，这将是我们严肃关注的问题。

第四环节　辩论阶段

主持人： 机构冗叠的情况很多，诸多法规在横向和纵向上也存在重叠，需要改革以提高官僚机构的效率。 您将采取什么具体措施来改革上述政府制度，使得您的目标和远景得以实现？

普拉博沃： 我们充分意识到每一次改善的努力必定会有阻碍，有阻碍的原因在于法规重叠，存在不同利益背景的政治领导人。 解决这一问题的策略是我们必须选择几个决定性的部门进行改革，短期内没有办法改善所有部门的所有情况。 确定关键部门，然后对他们进行改革。

我们的安全来自粮食储备充足，人民的乐观精神，外汇储备充足，然后可以投资。

粮食、能源、基础设施、官僚机构改革，是我们应该首先解决的基本目标。

现在人们的观念非常具有决定性，如果我们有好的目标，有改善人们生活的意愿，只要我们的想法诚心诚意，我们就能实现。

我们想要干净的水、便宜的粮食、好的学校、医院、公路和火车，人们怎么会不支持这样的政府呢？ 我们是人民的公仆，我们只为印尼人民的利益而工作。

哈达： 在公共服务中没有确切的标准和目标就会使机构变得臃肿，还会耗费政府的很多财力。 政府机构必须高效，裁减一些多余的机构。

工作中的责任制原则，所有工作都应该被承担起来。反腐必须是实实在在的，即加强肃贪委员会、警察和监察厅，使得已经形成的政策不会发生偏差。

佐科：85%的地方预算来自中央，因此地方政府的预算都是跟随中央预算政策来执行的。其实监督地方政府的措施很简单，但我们没有去实施。

我们在执行预算政策时，要求地方政府同步。如当中央要求要有一站式综合服务时，所有地方政府都要跟着执行。如果没有，将取消或减少专项拨款。对于地方来说，这是很令人担忧的。

其次，关于令出多门的问题，如果指令出自同一处，即国务秘书处，就不会发生令出多门的现象。如果所有部委出台（政策）不经过国务秘书处，就会出现这样的问题。只给一道门，使得方向一致，中央政府和地方政府的行动就会步调一致。

官僚机构的效率，不是太难改善的。是我们悲观了。我和卡拉先生很乐观。我们的人力资源很好，有博士、硕士，为什么不能好好工作呢？因为没有建立良好的机制。

电子政府，从预算、采购、审计、资金流管理，可以普及这样的体系。只要我按执行键就能看到全部。只要叫来程序员，就可以开始工作。

录用方式应通过遴选和公开竞聘。这只是有计划或没有计划，要或者不要的问题，就这样简单。

卡拉：好的领导人就是信任下属执行自己的命令。中央与地方应该有互助合作精神，党的事务应该排在政府工作之后居于第二位的事情。印尼已经进行了分权治理，中央政府的机构不需要太多，政府机构需要精减，因为现在主要的建设任务落在地方上。需要缩减中央机构。因为现在的建设在地方，政府机构还需要培训和发展。

最后陈词

佐科：鉴于过往的经验证明，如果人民授予我们权力，我们会从早到晚都努力工作。我们将会建立一个廉洁、法治的政府。

感谢所有支持民主胜利前行的印尼人民。总统选举可以成为让人民快乐的事情。感谢我母亲，她一直在为我祈祷，还有在场的我的夫人，伊莉安娜，以及莫菲达·尤素夫·卡拉女士及卡拉先生的孩子们，他们都在一起为国家和民族努力奉献。

民主的建设、廉洁的政府、国家的法治是第一位的，而做总统，是第二位的。

普拉博沃：我们的目标是将印尼建设成为一个公正、繁荣与安定的国家。如果我们国家的财富不断流向国外，那么，即使我们有良好的民主体制，人民繁荣富强的目标也将难以达到。

如果我们得到人民的授权，我们将采取措施避免国家财富向外流失。使得民主具有建设性，带来繁荣安宁。我们不要“金钱民主”，我们要“建设性民主”。为了我们子子孙孙的未来，拯救国家的财产，对此，我们很乐观。

我们的目的是尽量减少腐败，改善管理，提供给人民需要的服务，最终建立印尼人民所需要的稳定的法制。

我们坚定地承诺，我们能实现我们建国者的理想。 我们想要成为自立、自强的国家，我们不想成为别人倾销商品的市场，我们不想成为家庭佣人的出口国，我们也不想成为离我们遥远的国家的仆人。 我们想让人民丰衣足食，我们想成为受别人尊重的国家，从容地面对未来。

附录四　印尼大选总统候选人第二场辩论

（2014 年 6 月 15 日）

主题：经济与社会福利建设

地点：雅加达大梅里亚酒店

主持人：艾哈麦德 · 额拉尼 · 尤斯迪卡教授，

辩论人：1 号总统候选人普拉博沃 · 苏比安托

2 号总统候选人佐科 · 维多多

这次辩论的形式是，两位总统候选人分别用 4 ~ 5 分钟陈述自己在经济领域的观点。随后，主持人将进行深度剖析。接下来，主持人将在 3 分钟内向两位候选人提出相同的问题。之后，两位候选人有 3 次机会相互提问，并随之给予回应。最后每人有 3 分钟时间进行总结陈词。

第一环节　两位总统候选人陈述各自观点

佐科：我会见了来自万鸦老的洗衣工，西爪哇的农场工人和教师，以及数以百万计的印尼人民，他们对我的嘱咐，是要建设一个更好的经济，要促进印尼经济更好的发展。对于我来说，经济发展最大的目的在于实现人民的富足，这才是经济自立。我们认为，在将来，经济的发展首要的是人力资源建设。

这些要通过教育和思想革命实现。在医疗卫生方面，要发行印尼健康卡（kartu Indoensia Sehat）和印尼智能卡（kartu Indonesia Pintar）。因为通过上述建设项目，我们能拥有较高的生产力和较强的竞争力。生产力能提高竞争力。

第二，伴随着均衡化的经济增长。没有均衡的经济增长也是白费。佐科—卡拉将关注贫富悬殊问题，合作社建设，微型和中小型企业，传统市场，海洋经济以及乡村地区的建设和基础设施。这就是我们所说的美好发展道路，让人民富裕，强大，真正自立。

普拉博沃：您刚才提到的都是很多美好的项目，诸如教育和医疗免费等等，但是问题在于，从哪里获得资金和资源供我们使用并推动经济的繁荣?

2013 年 9 月 7 日，肃贪委员会主席称国家财政收入流失达 7200 万亿印尼盾。如果我们团队可以使用 1000 万亿印尼盾就已经很不错了。如果当选，我想杜绝这样的国家资产流失，并把这些资金用于发展社会经济。不是从乡村到城市或首都，而是从首都到乡村。我将签署声明，每年拨款十亿印尼盾的资金给全印尼的每一个村庄。我们将资金从首都向乡村发放。我们将在5年内将印尼人民的人均收入从每月300万印尼盾提高到每月600万印尼盾；增加200万公顷田地；建设公路，铁路，新港口以及200万公顷的生物乙醇作物用地。这些资金是有的，只要我们保持肃清腐败的意志，努力提高人民收入，印尼将成为一个人民可以掌控自己的财富的国家。

第二环节　主持人提问

主持人：第一个问题是问普拉博沃的。为什么要发展人民经济以及将制定怎样的政策以发展人民经济？印尼的投资是以外商投资为主的，然而，国内还存在如合作社、国有企业、私营企业等经济形式，您将实行怎样的政策以适用人民经济的概念？

普拉博沃：人民经济，不是别的就是中间道路经济。根据1945年宪法第33条规定，人民经济必须以家庭为基础。影响大部分人民生活的经济资源要由政府掌控。我们要保护那些资源安全和不能跟上21世纪经济发展步伐的弱势群体。在国际上，政府有时候只是作为一个裁判，但我们不是，政府应该成为经济发展的先锋，对落后的产业或群体进行干预，给予保障。

我们开放，我们支持外商投资，但是不允许置国民经济于死地。我们要加强合作社，扶持中小企业，我们应该给予大量资金支持，不半途而废。

人民经济，是由苏西洛政府首先提出，包括民企信贷记录（KUR）、社区致富全国计划（PNPM）和周转基金。5万亿印尼盾的周转基金已经可以养活1200万人。如果我们将周转基金提高 20 万亿印尼盾，就意味着可以养活 4800 万人。 我们不反对外资。 不要用印尼的钱进入印尼。 欢迎进来，在印尼致富，重点是为人民的经济。

主持人：下面提问佐科。 什么是经济自立？ 您怎样看待政府债务，以及税收收入低于目标的现实？

佐科：发展传统市场，为小摊贩提供场所，这是我已经实践和证明的，我在担任市长，省长时发展市场的经验，

已经得到证实的经验，说明小问题应该得到处理。 传统市场是一个农民、渔民、豆酵饼小贩出售他们的产品的地方。 如果在这些小的方面得到好的场地管理，而不仅仅是有一个空谈的计划，但是要证明，我们为他们而努力。

如果我们提供好的地方，市场不是泥泞而是干净的，并划分了干/湿区、蔬菜/水果区，农产品将始终受到重视。 以前，小摊贩太微小，几乎总是被驱赶，在印尼也没有一个城市的规划中给予了小摊贩空间。 应该给予小摊贩生意空间。

与债务有关的经济问题，只要国家预算有效率，建立电子预算系统，电子审计和电子采购就可以解决预算和债务问题。

主持人：现在向两位候选人提问同样的问题。 首先提问佐科。 贫困是印尼现存的一个问题，然而有要求政府提供人民合适的工作。 关于贫困的项目预算很多，但是消除贫困的效果却很小，出了什么问题？ 针对创造就业机会和薪酬问题，有什么样的政策？

佐科：专门的项目，不仅要准备好预算，重要的是建立体系。 在担任市长和省长期间，我们总是关注于教育和医疗卫生

方面，因为这是抱怨最多的。印尼健康卡和印尼智慧卡使得穷困的孩子也可以上学，穷困的家庭也可以有所得。

如果建立的体系，带来保障和庇护，能下到群众中。这不仅要把预算准备好，可以在印尼任何地方推行实施。

对于劳动力问题，要推动对于较贫困地区和省份的投资。要避免投资只是集中于爪哇，苏门答腊。同时，也要加强贫困地区的基础设施建设。通过以上的方法，各地区的贫困人民可以获得就业机会。

至于薪酬问题，我是第一个将省份最低工资提高到44%的省长。我被企业家们抗议，但是工人们最低工资提高了，为什么？因为5年来他们最低工资没有明显的提高。

主持人： 还是提问佐科，根据他所说的，应该恢复国家计划生育统筹机构（BKKBN），使它们可以组织活动开展从下而上的宣传，并让社会意识到“2个孩子足以”。为什么现在又回到3个、4个、5个孩子？因为生育宣传下降。国家计划生育统筹机构作为这方面的主管部门应该通过预算强化。

佐科： 我要再次重复印尼医疗卡的问题，预算是有，但是系统体制没有建立，没有实地管控。根据现在已有的预算，通过好的体制来进行管理，通过实际的工具来控制和购买。要不要进行宫颈癌检查，妇女们可以去社区卫生医疗中心。已经持有印尼健康卡的女士们，可以免费在社区卫生医疗中心检查。不需要华丽的口号，我们不要数万亿的预算。需要建立系统。

主持人： 这个问题给普拉博沃。印尼的人口增长率是相当高的，但是孕产妇死亡率也在上升。有什么策略可以控制人口的增长并改善妇女的健康状况?

普拉博沃: 人口增长率确实非同一般。每年有500万新生人口。我们的政策是堵截财政预算流失，以得到更多资金，支持医疗卫生和教育事业。随着医疗卫生和教育事业的发展，我们可以有更具说服力的方法，来改善计划生育政策。我们应该加大对社区卫生医疗中心、计划生育综合保健站的投入，增加医生的数量，提高医生、护士、助产士的工资。加大推动的战略是，我们不能在现在的挑战面前敷衍了事。

降低孕产妇死亡率，建立社区卫生医疗中心、计划生育综合保健站，提高医生、助产士的工资，资金从何而来?还是要节约预算，堵截国家财政预算漏洞。

什么办法呢?我们应该实施的策略是什么?我相信，应该全面地看，而不是片面地看。建设灌溉系统、铁路、水坝、工厂，这些将推动经济发展，我们投入计划生育综合保健站、助产士计划，以及综合诊所资金，都可以进行。我们将获得投入医疗卫生和教育事业的资金。

主持人: 相同的问题给佐科。

佐科: 贫困和失业是我们经济发展的阻碍。我们的战略首先是依靠农业发展，因为农业可以在短时间吸收大量劳动力。农业也可以在短时间内有所产出，不到100天可以收获大米，玉米需要120天。优良种子能产出资金和收成。它可以创造大量的就业机会。

根据测算一公顷地林地从上游到下游的工作可以由6个人完成，在北苏拉威西需要12人。现在我们有7700万公顷森林已经损毁。策略就是这些损毁林开垦成新农田，有 200 万公顷的新田地，200 万公顷生物乙醇作物用地。在 5 年内，有 2400 万人可以工作。

什么都没有的人们，突然就有了收入。我们的建议是种植产出良好的作物。

我们有了余钱，我们就能提高工资。问题就是提高生产力，不能只是小打小闹，必须通过宏伟战略，付出巨大努力，获得最大的收获。

第三环节　总统候选人相互提问

佐科：怎样看待公共拨款和专项拨款？

普拉博沃：应该提高地方的公共配置资金和专项配置资金，只有国家收入增加了才能进行。到地方，县城的资金，如果国家收入增加了就能提高。多年来我四处奔走为使国家收入不流失而斗争，因为我们的财富增值都向外流。这是问题的核心。我们如何保护我们的国家财富不流失。

普拉博沃：近来，世界经济状况不太好，世界经济增长率仅 3.3%，印尼的经济增长率仅 5%。您有怎样的经济增长目标？您又将怎样实现经济增长目标？

佐科：我们相信，我国的经济增长率可以达到 7% 以上，首先，投资环境和政策完全开放，给本地投资者机会以创造经济的增长。

在许可证授权方面，我们现在看到的状况已经太久了，要尽快地修整。要得使投资者参与到经济建设中，我们欢迎并提供服务。营业许可证（SIUP）、施工许可证（IMP）、公司注册证书(TDP)可以在互联网上办理。如果给予投资者机会在地方创造就业，印尼的经济增长率达到7%就不会是空谈。

乡村的小型工业，家庭作坊，他们的产品可以在世界市场上竞争，只要给他们机会和空间去推广。我们的外交官不仅仅要在外交方面开展工作，也要成为国家推销员，为乡村的产品寻求市场，因为这些产品质量好，但是需要政府推动宣传。这些具体的事项是必需的。

我经营小企业23年，这是可能发生的，只要国家参与。

佐科：如果我们的资金足够多，这两年里出现了贸易赤字和财政赤字，这期间错在哪?

普拉博沃：出现贸易赤字和财政赤字，是因为国家财富外泄流失。这是实质。例如，我们拥有原油，油价上涨，进口的负担就很大。贸易逆差也一样，我们的需求，领导们的承诺以及预算不都体现在国家收支预算。国家预算是国家的财富，现在外泄流失，这就是问题的本质。这就是我的观点，我们的财富出现了外泄流失。2013年9月7日，肃贪委员会主席称预算流失达7200万亿印尼盾。我的数据，流失1104万亿印尼盾。如果你问为什么会出现赤字?对，是因为国家财富流失。如果我们政府可以堵截这样的财富流失，我们才能再次成为“亚洲之虎”。

普拉博沃：您是否赞同增加40万亿印尼盾财政预算用于12年义务教育?

佐科：之前我说过，人才建设在于教育。必须有评估和改变。小学教育，80% 要谈论与性格、道德、心理、心态建设有关的问题，只有 20% 与知识有关。初中是 60%：40%，高中阶段是 20%：80%。只有这样我们才能拥有心理健康，职业道德良好，生产力和竞争力强的人才。教育是重要事宜，不容讨价还价。不论多少投资，我们都要给，40 万亿印尼盾的预算是找出来的。从燃油到天然气燃料，可以节约出 70 万亿印尼盾，都投入到教育事业。

如果我们拥有具有竞争力和高效率的人才，那么可以更好地开发国家的自然财富。

佐科：您怎么评价地方通货膨胀控制小组的作用?

普拉博沃：这是各个地方长官的管理和职能。

普拉博沃：您还没有讨论基础设施的问题，我们的国家很广阔，我们的挑战也很大，我们在基础设施跟不上的情况下，该如何提高经济增速呢？如公路、铁路、港口等。

佐科：一个重要的基础设施在于海上高速通道，让西部和东部的船来回有航道。因为我们看到，在爪哇岛售价 5 万 ~ 6 万印尼盾的水泥，到了巴布亚卖 50 万 ~ 120 万印尼盾。如果在爪哇岛，在苏拉威西、加里曼丹和巴布亚建起深水码头，才能有公平，水泥价格才能一样或基本持平。而现在不是这样，不得不因为基础设施的落差而导致物价差别。我从爪哇岛通过货船运送集装箱到欧洲和巴布亚，到巴布亚更贵，因为没有往返的船只。

双轨火车很重要，因为这是很便宜的运输工具。因此，能用的资金就应该投入到能改善民生的基础设施中去，不仅用于物流运输，还能用于廉价客运。

佐科：普拉博沃先生在建设创意经济上有什么战略性举措?

普拉博沃：创意产业很重要，因为我们的人口总量大，年轻人也很多，这是我们能和其他民族竞争的优势了。不论谁做领导，都要在教育上投入大量资金。我非常支持每一个能提高我们创意经济竞争力的项目。我们的民族拥有艺术天分，这可能是我们的优势。在艺术方面的才能，如果有机会，将能创造许多外汇。21 世纪的发展很多走向虚拟技术。

佐科：音乐、动漫、电影、产品设计，这些都是没有得到政府全力支持的产业。如果政府给予全力支持，我们的创意产业势必会有所发展。艺术表演上，提高剧组的经营管理、良好的灯光效果和推广，我们一样可以在世界舞台上演出。我们有不少动漫走出国门，但是享受红利的并不是我们，因为企业都是外资的。我们该如何将这些创意产业推向世界各国呢? 20 ~ 30 岁人群可以在创意产业中工作。

普拉博沃：我的顾问对我说，不管待会怎样，都别同意佐科说的话。我不是个专业的政治家，我不想听我的顾问了。我跟佐科一条道。

（普拉博沃上前与佐科握手）

说到创意产业，我只有一个儿子，我儿子就在从事创意工作。作为一个设计师，他已经在国外。佐科，我支持你。

普拉博沃：明年东盟自由市场，我们该如何做足自我准备?

佐科：经济发展良好，企业家们也不断成长，在世界市场上打拼的勇气 20 ~ 30 年前我们就已经有了，没问题了。就是政府要先发制人，尽早进入国外市场。国内市场不能被国外占领。对于本土投资者，地方要给予快速审批的便利，我觉得每个国家都会这么做，都有壁垒。不用指示，而有民族主义和经济独立，我们就能这么做。胜利与否，就看我们的人才培养了。

普拉博沃：如果有外资企业想在我国境内开设银行分行或者打开我们的航空领域，使得东盟的航班能在印尼的城市间自由飞行，那我们的国家利益是否受损了呢?

佐科：作为政府必须制订有关法规来给外资企业的进入增加壁垒。在银行业，印尼中央银行（BI）应该制订有关法规，设置壁垒使得外资进入不是那么容易的事。如果我们想在周边国家设立银行支行，那都是非常困难的，哪像我们这么简单。障碍是存在的。我们是开放的，但是印尼中央银行、中央或是地方政府都得建起这些隐形的壁垒。重要的还是人民经济。不能让外企随意进入我们的航空领域，而且还获得巨大的利润。

不论我们在哪谈投资，都存在来自政府的政策性壁垒，受关税和许可批复限制。

佐科：请普拉博沃解释每村每年 10 亿印尼盾的事，因为根据《农村法》的规定可以更多，每村每年可根据其贫困程度获得 12 亿~14 亿印尼盾。

普拉博沃：我们算出这个数字的时候还没有《农村法》（UU Desa）。《农村法》在国会（DPR）已经 7 年了。2013 年 10 月 26 日，我做了这个声明，我四处宣传，这带动所有议会党团来颁布《农村法》。

农村法必须符合国家规定。如果高于10亿印尼盾，那就是真主保佑，如果少于10亿印尼盾，我们可以再制定。

佐科：意思是说，不是10亿印尼盾，是吧先生？因为接下来无论是谁任选总统，因为已经有法律规定，11亿~14亿印尼盾都能拨到农村。意味着刚才您所说的使命和愿景是法律规定的，而不是普拉博沃先生您的？

普拉博沃：我不想争论这个问题是从哪来的，但是钱是给到农村的。他们连续7年都派工作组下去，我做出那个声明是一个承诺。由于已经出台了《农村法》，真主保佑，如果没有10亿印尼盾，那我们的政府也会争取达到这个数字。

普拉博沃：对于印尼与外国那些签署的不合适或是于印尼无益的合同我们该怎么办？就这么放任吗还是？

佐科：我们应该尊重已经签署了的合约，不能又退回来。这涉及对印尼的信誉问题。如果合同已经完成，那么好的，我们可以重新评估。我们是否收回？还是拿走的是国有企业的？但是根据1945年宪法中的规定，自然资源全权属于人民群众的利益。关键是如何计算，因为这是一个合同的问题。但是我同意自然资源应该用于国家最大限度的繁荣昌盛，必须让国家受益，而不是让他国受益。

普拉博沃：对于那些亏损严重而且合同期还很长，比如还有20年才到期的合同我们该怎么办？是否有必要对那些不利的合同开展重新谈判？

佐科：我这不是还没开始合同吗？如果我们已经开始履行合同，而且有展开重新谈判的空间，那么我们肯定要争取。如果我们现在可以直接买下来，我们的国企有能力做到，那当然可以。 如果合同中没有列出条款说可以重新谈判的，那么我们就要尊重这份合同。 关键是，我们必须对合同先进行细致的研究，别到时候费用交了，矿产税也交了，却让国家蒙受损失，人民群众也得不到好处。 在大方向上，最大范围内的自然资源应给人民群众带来益处。 即将结束的合同，从现在就要对未来(的合同)有高瞻远瞩的气魄。

第四环节　最后总结

普拉博沃：我们必须守护国家资源和财富，避免其流向国外，以促进加快经济建设，提高农民、教师、公务员的工资，也要提高那些受业务外包（outsourcing）所影响的工厂工人的工资，残障人士的工资和待遇也一样要提高。

如果我们被授予权力，我们想要每位母亲能微笑着看着自己的孩子健康开心地从学校归来，因为有教师给他们良好的教育。父亲能安心的休息，因为有足够的钱能支付明天或下周的债务，希望小老百姓们能够面带微笑。

普拉博沃—哈达的愿望是让人民繁荣富强，我们尊重人民的决定，请求大家的祝福。 我的发言完毕。

佐科：我们相信，未来的经济会越来越好。 如果人民授予我们权力，我们就会竭尽全力去做好，夜以继日，献身努山塔拉，献身人民，献身印尼民族。 我们常在亚齐、巴布亚、桑义赫、鲁特遇到那些在我们沉睡时还在工作的夜间劳动者。 就是他们，唤起我们，献身为人民服务。

我，佐科·维多多，我在这里出生，我在这里成长，我在这里接受教育，我完完全全就是属于印度尼西亚。我确信，我和尤素夫·卡拉先生已准备好领导印度尼西亚，我只遵从宪法和人民的意志。我们向3号候选人致敬，3号，象征着印尼的团结统一。

附录五　总统竞选第三轮辩论

（2014 年 6 月 22 日）

主题：国际政治与国家安全

地点：雅加达科马腰兰假日饭店

主持人：希科玛汉多 · 尤瓦纳教授（印尼大学法学院）

辩论人：1 号总统候选人普拉博沃 · 苏比安托

2 号总统候选人佐科 · 维多多

辩论规则

在辩论第一环节中，候选人将围绕今晚辩论主题进行观点阐述。

第二环节将以通过回答主持人提问的方式，对双方观点进行细致剖析。 第三环节将回答主持人对今晚辩论主题所提出的有关问题。

第四环节将由总统候选人双方互相提问，第五环节将由双方互相问答。 第六环节由总统候选人双方致总结陈词。

第一环节　总统候选人进行国际政治和国防工作的观点阐述

普拉博沃：当我们讨论国际政治和国防问题的时候，我们不得不讨论我们的国家目标。 作为一个国家，我们的目标是寻求共同安全。 但更重要的是我们以后要达到共同富裕。

因为，无论你承认与否，国际政治就是国内状况的映射。 如果国内力量不足，国际政策就没有意义。 因此，我不断强调印尼该怎样保证国家力量和国家资源安全，这是基础。

我国拥有独特的战略意义与区位优势。 我们位于两大洲和两大洋之间，经过我国海上通道的贸易量非常庞大，许多国家都依赖着我们群岛的安全。

但也不得不关心我们的真实情况。 太多的国家资源流往国外。 也许这件事说出来会让很多人不高兴，但是就我看，这就是外交政策的关键所在。 如果我们的人民有吃、有住、有穿，人民繁荣昌盛，我们的国防就会强大起来。

国家安全和防御在于民之繁荣富裕。 若我们还是一个贫穷的国家，是不可能受尊重的。 我必须整顿我们的内部问题。

我将同哈达 · 拉查一道，重新整顿国内安全形势。 关键是我们不想树立敌人，“朋友一千都不够，敌人一个都太多”。 一寸土地我们都不会让步。 我们将会守护印度尼西亚直到最后一滴血淌尽。

佐科：我们对外政策的基本原则是自主和积极地开展国防。有四个重点需要放在优先方向。 第一，保护我们的公民，特别是在国外工作的印尼劳工。

我对载有印尼劳工人员船只在马来西亚沉没的事故表示深痛的哀悼。 第二，保护海洋和贸易资源。 第三，提高生产效率和竞争力。 第四，维护地区安全。

佐科和尤素夫·卡拉完全支持巴基斯坦成为独立主权国家并加入联合国。

外交策略需要从三个方面搞好关系，即政府间的、企业间的、民间的。 我们的军人已经为我们的民族献出了鲜血和生命。

我和索里希在西爪哇见面时，他向我叙述他帮助从日惹来的军人家庭就医的问题。 建设强大的国防是通过保障军人及其家人的社会福利、国防装备现代化，抵御网络战争，以及加强我们现有国防工业的现代化进程。

我们，佐科威—尤素夫·卡拉，相信从西方到亚洲的地缘政治变迁是我们印尼成为大国的机会。 我们必须在海洋上、在海事上赢得这场战斗，我们希望印尼成为世界海洋轴心，我们希望这个国家拥有权威，我们希望这个国家受到尊重。

第二环节　总统候选人观点剖析

第二环节将对第一环节所提出的观点进行剖析。 在本环节中，主持人将通过提问对各候选人所述陈词进行剖析。

主持人：如何在不引起邻国的担忧下，维护我们的海洋资源以及提升国防装备的现代化水平？

佐科：我们的海洋财富非常庞大，因非法捕捞就给我们带来了 300 万亿印尼盾的损失。未来，我们要拥有无驾驶员飞机——无人机，将其安置在三个领域，让我们能看到我们哪里的海洋资源被窃取。

第一，用于防御的（无人机）；第二，用于追捕非法捕鱼；第三，用于追捕非法砍伐。无人机除了能完善我们的主要防御装备，还用于国防安全，也将保护我们的经济安全。

但必须要先弄清楚我们的海上边界情况。改善信息技术，在网络战争的框架下改进，无人机同样有必要。司令部可以设在苏拉威西、加里曼丹、苏门答腊或雅加达，但在西部、东部和中部的区域也要建立起来。

没有以上这些，我们很难探测清楚那些对我们海洋财富的窃取行为。可以知道在哪个点，偷窃发生的坐标点在哪，直接就可以调动我们的海军或是空军或陆军。这是比较有效的办法。而且无人机也并不是很贵。

主持人：在处理与其他国家双边及地区关系中，我国的重点是什么？

普拉博沃：国家财富是印尼全民族所拥有的财富，其包括矿产、海洋以及陆地上，也包括在地表的、在地下的以及在海洋中的。我们的国家资源已经流失得太多，必须要保护起来。

国家资源是怎么流失的呢？流失，从国内流到国外。铝矾土、原木被我们当作初级产品来卖。

如果我们的弹药不够了，我们警察和法官的薪水减少了，我们在国外就没有了权威，我们就会被侵犯。我们可以进行言辞上的外交，但是最终，其他民族只会去看你的国家实力，真实的印尼到底是怎样的。

如果有人争夺我们的海洋和岛屿，我们能否预防和阻止他们？这就是我说的，国际政治就是国内情况的映射。如果我们弱小，我们就会一直受干扰，如果我们强大，我们就能抵抗。

第三环节　主持人就总统候选人观点提问

主持人：现在，我将向两位总统候选人提出同样的问题，问题如下：

印尼在国际政治和国防问题上，常常与其他国家发生利益冲突，其中有边界冲突、重复索赔争议、政治庇护处理的问题。如何在不影响与他国关系的前提下处理这些问题？有没有军事外交的空间？

普拉博沃：政府的首要职责就是倾尽所有去保护和守护好国家和民族的利益。我们国家和民族的利益与他国发生摩擦和碰撞时，我们必须坚守自己的国家利益。在此，我们必须重新回到国家实力这个问题上。

我的原则是，“朋友一千都不够，敌人一个都太多”。我们不存在原则上的错误，我们尊重所有的国家，但是在根本利益上我们是不会让步的，那就是印尼共和国的领土完整和国家统一。

我们不能放弃任何一寸领土。一米甚至一厘米也不能让步。这是我们的国家利益，维护它是我们的权利，最终是为了我们的国家实力。 我们可以呐喊，但是最终是否能能够，是否能维护我们的国家利益？

友谊外交，维持睦邻政策，我们一向彬彬有礼，符合我们印尼民族的个性，对其他民族有着宽容忍让，理解其他民族的民族利益，但是我们也请其他国家，理解印尼民族的利益和困难所在。 只有相互理解，我们才能和周围所有的国家保持友好的关系。

主持人向佐科提出了同样的问题。

佐科：正如我刚才所说，如果遇到冲突或者边界纠纷，有三个外交战略，即政府对政府、企业对企业,和民间对民间。

第一就是政府间的外交，无论是陆地纠纷还是海洋纠纷，都可以通过这个途径解决，而非武力解决。

政府间的外交对话是主要途径。 如果在这层面无法解决，那就去国际法庭，但主要还是通过外交对话。 我们相信，只要我们能派出优秀的外交官，就一定有解决的办法和出路。 这才是我们应该提出的外交政策，而非考虑用武器或战争来解决问题。

主持人向两位总统候选人共同提出的第二个问题。

主持人：您将通过怎样的努力来保护在国外工作的我国公民，特别是女性工作者呢？ 您将制定怎样的政策来使印尼在国际区域内担当重要的角色或成为东盟的领导者呢？

佐科：关于印尼在外劳工问题，第一，就是在安置之前就要完成遴选和培训，必须仔细查看和监督。 不要到了要外派的时候，还没进行人员遴选和培训工作。

在外派国外之后，在我驻外大使馆的资料必须完整，印尼驻当地大使馆能够给予他们保护。 每个月必须有管控、检查和监督管理，了解他们状态是否良好，是否受到了压迫和虐待，这也是我们驻外使馆承担的主要工作，即保护所在国的印尼劳工的权益。

我们不必将劳务工人外派到没有外劳保护法的国家去。 我们暂停就好了。 这件事上我们必须坚定，因为人命关天。

我们在亚非会议举行的时候曾经辉煌过，当我们拥有世界海洋轴心，我们就可以重新辉煌起来。 其他国家为了进入我们的水域，出于利益都要来亲近我们。

这些角色才是关键，使得我们的国家有威望，受尊重，为他国看重，受他国敬畏。

普拉博沃：我们的劳工外派，其实是被迫的，在印尼没有他们工作的岗位，不得不为了家中的老小而去找一口饭吃。 他们来自十分贫穷的地方。 我有过这样的经历，我在马来西亚和中东曾经看到过他们。

我曾经帮助过一位来自东努沙登加拉阿坦布阿的印尼劳工，他有 10 个兄弟姐妹，15 岁时就做了外派的劳工。 最后，他杀死了他的雇主，我们得挽救他的生命。

我赞赏并认同佐科先生的见解。 我们必须对（印尼劳工）进行遴选、教育、准备和给予认证。 太多劳工偷渡，这是非法人口买卖，而他们不是训练有素的劳动力。

为他们做足准备工作是我们政府的职责，使得他们在国外的工作，不仅仅是清洁工人或者家庭帮佣。

印尼会不会受尊重，不是因为各种国际会议，而是因为人民富强、能受教育、能找到工作。

第四环节　两位总统候选人相互提问

主持人：现在，两位总统候选人可以相互提问。 第一轮由佐科向普拉博沃提问。

佐科：您常说到变革的重要性和变革的问题。 此时，我们的对外政策有哪一部分需要改变的呢?

普拉博沃：现在，印尼的国际政治局面已经很好。 既然已经很好，为什么还要改变? 如果已经很好了，为什么还要改善? 苏西洛政府在外交上的工作值得赞赏，带来了稳定，和平，并且不要认为这是件鸡毛蒜皮的事。

不要低估和平稳定。 每天晚上在电视里，我们看到其他国家充满了内战和混乱。 我首先承认，我不会为了变革而变革。我希望好的，我们保持，如果凑合，我们就提高。

继续坚持睦邻政策，为了印尼的稳定与和平。

此轮由普拉博沃提问。

普拉博沃：您是怎么看印尼在世贸组织中的位置的? 我们受益了吗或者您觉得今后的路我们该怎么走?

佐科：如果加入世贸组织，对我们来说有好有坏。 在贸易方面，我们的商品进入一个国家，有关税或者零关税，贸易壁垒也有。

如果我们不加入世贸组织，我们的商品就很难进入其他国家。 只要我们拥有高效生产力和竞争力，我们的商品就能进入所有的国家。

因此，我们应致力于提高生产力和竞争力。 如果有别的国家的商品进入我国，我们会受干扰。 我们的价格要具有竞争力，才能获利。

可惜的是，我们的竞争力仍比较低。 这就是我们必须要做的功课了。 竞争力和价格优势才能使我们出口导向的工业产品可以进入到所有市场，尽管存在环保壁垒、检验检疫、关税及非关税，以及贸易壁垒。

这一轮由佐科向普拉博沃提问。

佐科：印尼现在可能面临的最大威胁是什么?

普拉博沃提出对问题进行解释，威胁指国内威胁还是国外威胁。 佐科答复称既有国内也有国外。

普拉博沃：最大的外部威胁是某些国家在海洋和岛屿等领土问题上与我国有所争议。

最大的内部威胁是我一直提到的贫穷问题，我们印尼民族对本国自然资源的掌控。

我们的自然资源没有掌握在我们自己的民族手上。 我们已经没有储备来减少人民的贫困了。

普拉博沃对佐科提出第二个问题。

普拉博沃：我反问一下，如果我们的领土被其他民族占领了，您会采取怎样的策略?

佐科：我的回答还是一样的。 我们将首先考虑政府间的外交对话。 这是有阶段的。 如果确定是占领，是我们的岛屿，已经成为主权，这就不一样。 如海上界线和标桩尚未明确的，政府间的外交对话就应放在首位。

如果那里已经确定是属于我们的，我们将做任何事。 我们必须果断。 我们让它变得热闹起来。 先生，不要觉得我不能果断。 果断对于我来说是敢于做出决定和承担风险。 这风险也是我若作为一个国家领导人应承担的。

第五环节 总统候选人互相问答

在本环节，两位总统候选人继续相互提问。 不一样的是提问的总统候选人需对对方的回答做出即刻反应。

普拉博沃：在梅加瓦蒂时期，印尼卖掉了一些非常有战略意义的企业，比如在我国上空拥有两颗卫星的印尼电信运营公司印多萨。 是否有必要购回印多萨公司?

佐科：无人机正是从传统武器设备到高尖的端防御装备。 我们需要监管 17000 多个岛屿，无人机很重要，即使是卫星还会转到别的国家。

我们现在就能买无人机，有关的技术专家也可以同时培养。 我们也可以定个计划看什么时候拥有卫星。

1998 年是大危机时期。 那个时候，梅加瓦蒂担任总统，经济形势仍不乐观。 我们不要说正常情况，当时是危机时期，我们的经济负担很重。 出售印多萨公司，要注意，有明确的附加条款。

我们可以买回来。 只有到现在我们才有能力买回来。 我们买回来的关键手段，我们可以买回股票，最重要的是我们国内经济增长率能达到7%。

普拉博沃：所以您同意印多萨公司是一个被卖掉的战略资产？

佐科：刚才我已经说得很清楚，那时候是因为处于经济危机的影响下。 想象一下，如果我们在经济危机影响下，需要预算来启动经济，我们能卖掉的只有它，那肯定会这样做。 而且有备案，我们还可以将他买回来。

对于这样的买卖，我们可以卖就可以买回来。 对于这种极具战略意义的公司，我们就必须以合理的价格回购它。

新任政府肯定要担当这样的角色，我们不要去责怪前任政府。 1998、2003年与2014年是没办法进行比较的。 我们不能总看过去，我想向未来看，今后我们能建造卫星和无人机。

两位候选人相互提问，相互回应。

佐科：小野牛装甲车（panser Anoa）有关事务的策划和实施者是尤素夫·卡拉。 但政府同期在采购豹式坦克（tank Leopard）。 您怎么看这件事？

普拉博沃：关于军备的选择肯定已经过了国防部、陆军等有关部门的一系列讨论和研究。

有方面表示豹式坦克不适用与印尼的国土情况。 但事实证明这样的观点是错误的。 豹式坦克能够广泛使用于印尼境内。

在黎巴嫩、刚果、中非的维和部队，有4000多人。不仅是维护和平，更是缔造和平。当威胁来临，豹式坦克非常顶用。我们需要豹式坦克、小野牛装甲车、第五代战斗机。为此，我们的经济必须足够强大。

佐科：小野牛装甲车必须通过我们的国防工业不断改进，也许还会有公牛装甲车（panser Banteng）等其他的。豹式坦克重62吨，会完全损坏道路，我们的桥梁显然也不能承受62吨的重量。必须计算一下，我们的基础设施、气候以及场地能否与国防配合起来?

国防工业必须要给予足够的财政预算，武器装备不能依靠进口。

普拉博沃：我觉得，武器装备合适与否还是交给做过研究的专家来定夺。

在越南战争中，从越南北部攻到南部使用的就是苏联制主战坦克。60~70吨级坦克不符合印尼国土情况的观点并不完全正确。

我和您的观点一致，我们必须加强国内工业水平。我支持一切能推进国内工业的努力。豹式坦克已经是印尼国民军及陆军的决定，我们应该用于我们的兵工厂使之获益。

我再强调一下，最终最好的国防是印尼人民的富裕和繁荣。我们可以拥有坦克、战斗机，但是如果人民不富裕，那就一点用都没有。

普拉博沃向佐科第二次提问。

普拉博沃：您怎么看印尼在南海问题上扮演的角色?

佐科：这是他国与他国之间的问题，我们可以介入并发挥作用，但是我们必须先观察，我们是不是将介入一个会影响我国与中国友好关系的麻烦之中。如果我们能找到解决的办法，那么我们可以介入，如果我们不知道事态会如何变化，那不要插手。我们的国防才是最重要的。

普拉博沃：问题是我们有一部分海域在南海有争议。有四个东盟国家在南海有争议，我们是否弃权，或者是维护我们在东盟的四个兄弟国家?

佐科：如果我们发挥作用，而且给我们在东盟的盟国带来利益，介入。但是如果我们没有正确的解决方式，没有正确的出路，没有给我们带来益处的外交行动，我们又何必这样做?

据我所知，我们完全没有任何争议。如果我们能发挥作用，照我刚才所说的，必须存在益处并找到解决方法。这样的争端可以通过外交方式解决。如果对我们无益，我们又何必去扮演角色?

佐科向普拉博沃第二次提问。

佐科：印尼与澳大利亚的关系时好时坏，时冷时热，出了什么问题?

普拉博沃：我觉得这个问题不在于印尼方面。而是在于澳大利亚对我们有所怀疑和恐惧。

我们是一个人口庞大的国家，我们被认为时常情绪化，采取军事行动。也许，对于他们来说我们是一种威胁的存在。

我们并没有问题。我们期望友好，我所了解的历任印尼政府都想与他们搞好关系。

我们有责任让他们相信，我们想成为一个好邻国。我们与澳大利亚希望保持友好和平的关系。同时我们也应坚决维护国家利益。我们没有问题，我们确信我们希望与澳大利亚保持友好关系。

佐科：在我们与澳大利亚的关系上有两个重点。第一，不信任感，因为窃听。我们应该鼓励政府间、企业间和民间的交往。这样才能缓解紧张关系的局面。我们还应该不断鼓励文化和教育外交。

第二，威信。我们被认为是弱势的一方。尊重和威望问题，应该成为总统的特别注意事项。不要再让我们因为弱势和缺乏威信而被低估或轻视。

普拉博沃：佐科先生说信任，我来说怀疑。我们想成为一个好邻居。我们想要和平，不想多事。如果我们被认为是弱势的一方，那我们必须去试试，千万别让我们是赢的却被认为是弱势的。

如果我们好好计算一下，比如下一盘棋，算算我们能得多少分，我们有多少匹马。如果是一个国家，我们算算我们有多少潜艇、有多少飞机，其中能飞的有多少？可别编了两个空军中队，但是没一个能飞的。

普拉博沃向佐科第三次提问。

普拉博沃：在您看来，我们现在的作战部队是否已经足够了，需要增加或削减吗？ 或者如果需要增加，预算是多少呢？我们现在的陆军拥有106个营，但全国有500个县。 我们如何将分配这些没有部队镇守的地区？

佐科：我们知道，我们国防预算总额80万亿印尼盾，如果我们经济增速达到7%，在三年内国防预算约可以翻三倍，达到210万亿印尼盾。

如果经济增长了，我们可以将我们士兵和装备上的不足都弥补起来。

确实还很遥远。 如果经济增速达到7%，才有更多的预算用于增加士兵，增加军备，我们才能真正好好的掌控国防。 只有人力资源和军备都跟上了，我们才敢说我们准备好了，我们有威信，才能被其他国家尊重。

普拉博沃：您是否曾考虑过印尼是否需要后备军吗？ 需要人民抵抗军和领土后备军吗？

佐科：非常需要。 使得我们的储备在于平民、学生军（Menwa）、民兵，如果需要，可以驻守在任何一个地区。 我们的全部国防不在于军队的总数，而在于我们能得到国内民众的支援。

佐科：佐科第三次向普拉博沃提问。

东盟经济共同体将于2015年底实施。 在这个问题上，我们的经济竞争力尤为重要。 在与其他国家的关系上，您会实施什么举措呢？

普拉博沃：提高竞争力的关键在于不违反国际规划的情况

下，给予我们的企业便利、奖励政策和支持。

可以给予的奖励政策包括培训、加快贷款程序、简化许可申请、给予用地支持。对于支持和推动民族企业的发展，政府还有很多能做的。

我们需要对教育大量投入，我们为已经成熟和即将到来的市场开放提供人力资源保障。但是政府必须保障国家的利益，我们必须警惕防范市场开放对经济、国内企业和工业带来的冲击。

我们要保持高度紧张的态势保护我们的国家财产。我们必须迫使所有领域的加工行业都在国内、在印尼进行。

佐科：第一，我们的人才建设、儿童教育、我们的人力资源，科技园区都必须实施起来。没有时间再去讨论要或者不要的问题，我们必须面对。

驻东盟各国的大使们必须加强贸易外交的强度。各位我国驻外大使应能将产品向当地市场推广，具有较高竞争力中小企业产品，只需要我驻外大使，给他们的产品在国外市场拓展空间。

我驻外大使应将80%的外交工作放在贸易外交上，要懂得寻找市场、懂得谈判、懂得交易。我们要先发制人，不要被别人的产品先发而制约我们。不要让我们成为进口产品占据的市场

普拉博沃：我不是很理解您的回答，不过您的理念与我的想法并不冲突。您的想法太过理论化，然而建造一个科技园区需要多久呢?

对我们来说，口号宣传和理论回答是很容易的事情。问题是，您自己说一年，但是一年建立具有防御性的工业怎么办?

节约国家预算，节约地方预算，堵住漏洞，堵住漏洞，还是堵住漏洞，减少浪费人民财政的预算，只有这样，我们才能建立工业体系，培养竞争力，才能抵御别人的进攻。

第六环节　两位总统候选人总结陈词

在第六环节，也是最后一个环节中，两位总统候选人将进行最后的总结陈词。

佐科总结陈词：

我们意识到，地缘政治经济已经由西方转向东方和亚洲，我们地处印度洋和太平洋之间，正身处其中。这是我们正在面对的挑战。如果我们能建立起我们的海洋事业，成为世界海洋轴心，我们就能拥有威信。

我想将苏迪曼大将军的一句话送给大家：这个国家唯一永不改变的权力就是印度尼西亚军队。

让我们一起努力使印尼民族成为伟大的民族，让苏迪曼将军的嘱托永远屹立。

普拉博沃总结陈词：

我们的国防就是繁荣昌盛。我们必须防疏堵漏，如果不堵住漏洞，一切都只是口号和白日梦。我们必须大兴节约，个人自律，在所有政府部门推行廉政建设使之促进经济增长。

我们要铲除腐败，消除贫困，增加人民福利。如果印尼不富强，就不会受到尊重。普拉博沃—哈达将始终为挽救印尼的财富而奋斗，直到我们用自己的双脚站稳，成为一个强大的民族。

后　记

想撰写一本关于佐科的书，是2012年的事。那时候，佐科正准备竞选雅加达特区省长，本人碰巧在雅加达开会。当时，人们街谈巷议的都是佐科。佐科似乎是天上派下来的“救星”，成为人们疯狂追逐的对象，有人把它称为“佐科现象”。

由于工作太繁忙，这个想法一直难以付诸实施。2015年中国的羊年到了，这一年应该是喜气洋洋的一年，印尼和中国的许多历史节点和纪念日都在这一年，此时不做，更待何时？2015年初，本人与社会科学文献出版社的高明秀主任和侯洁编辑合议后，一拍即合。

但时间紧，任务重，在短时间内本人无法独立完成这本书。同几位长期从事印尼问题研究的同仁商议之后，大家决定在春节假期加班加点，共同完成这本书。他们是来自广东外语外贸大学东语学院的蔡金城教授和朱钢琴副教授，雅加达南安同乡联谊会秘书长戴俊德先生，清华大学国际关系学系发展中国家研究项目在读博士生薛松，广西民族大学东南亚语言文化学院的韦忠福林助教。

本书的策划、设计、修改与定稿由本人负责。各章的具体分工如下：许利平撰写序言、引子、第九章、第十章和第四章、第七章的部分内容，蔡金城撰写第一章、第二章和第三章，戴俊德撰写第四章和第七章部分内容，朱钢琴撰写第六章，薛松撰写第五章和第八章。附录部分：附录一，由戴俊德和许利平共同编写；附录二由许利平翻译；附录三、附录四和附录五，由韦忠福林翻译。

本书精装本的序言和目录部分，其印尼文翻译由戴俊德先生负责，在此表示感谢。

在本书的策划过程中，《环境与生活》执行副主编、《青年参考》前助理主编郑挺颖先生、广西民族大学东盟学院的杨晓强常务副院长提供了很多帮助，在此表示感谢。

在编辑和出版过程中，中国外交部亚洲司臧亮先生，印尼驻华大使馆社会文化参赞孙浩博士、政务参赞苏耕先生、阿迪丁先生、印尼安塔拉通讯社驻京记者莉妮女士，隆平高科印尼公司董事总经理李昊同先生，中国水电国际工程有限公司高级主管张强先生给予了无私的帮助，得到了中国社会科学院科研局的陈文学副局长，社会科学文献出版社的谢寿光社长、杨群总编辑、总编室领导以及祝得彬主任的大力支持，在此表示诚挚地谢意。

在本书的策划、编辑、出版和推广过程中，高明秀主任和编辑侯洁、王丽影、许玉燕、王晓卿付出了艰辛的劳动，做出了巨大的贡献，在此一并表示衷心的感谢。

此外，本书的出版过程中，还得到了中国社会科学院亚太与全球战略研究院的王灵桂书记、李向阳院长、韩锋副院长、李文副院长和朴光姬处长的支持，在此表示感谢。

附录部分，特意选取了佐科总统参加的三场辩论会，里面包含了印尼经济、政治、外交、安全、法制、教育、文化等各方面的内容，其目的在于让中文读者能够更好地理解佐科总统的施政理念，以及当代印尼的最新动态。 毕竟佐科总统刚上任不久，相信细心的读者能够从中得到一些收获，能观察到佐科总统是怎么说的、怎么做的。

许利平

2015 年元宵节

图书在版编目(CIP)数据

从贫民窟到总统府：印尼传奇总统佐科/许利平等著.—北京：社会科学文献出版社，2015.3

ISBN 978-7-5097-7269-0

Ⅰ.①从… Ⅱ.①许… Ⅲ.①佐科-评传 Ⅳ.①K833.427=6

中国版本图书馆CIP数据核字（2015）第051288号

从贫民窟到总统府
——印尼传奇总统佐科

著　　者／许利平　蔡金城　戴俊德　朱钢琴　薛　松　韦忠福林

出 版 人／谢寿光
项目统筹／侯　洁　高明秀
责任编辑／侯　洁　高明秀

出　　版／社会科学文献出版社·全球与地区问题出版中心（010）59367004
地址：北京市北三环中路甲29号院华龙大厦　邮编：100029
网址：www.ssap.com.cn
发　　行／市场营销中心（010）59367081　59367090
读者服务中心（010）59367028
印　　装／北京季蜂印刷有限公司

规　　格／开　本：787mm×1092mm　1/16
印　张：17.5　插　页：0.75　字　数：180千字
版　　次／2015年3月第1版　2015年3月第1次印刷
书　　号／ISBN 978-7-5097-7269-0
定　　价／49.00元